BADERNA

A REVOADA DOS GALINHAS VERDES

UMA HISTÓRIA DA LUTA
CONTRA O FASCISMO NO BRASIL

FÚLVIO
ABRAMO

PRODUÇÃO EDITORIAL: Alexandre Linares
CRONOLOGIA: Rogério de Campos
EDIÇÃO DE TEXTO: Coletivo Baderna
REVISÃO: Lilian Aquino, Alexandre Boide e Guilherme Mazzafera
DIGITALIZAÇÃO: Maurício Moura e Ney Jansen.
DIAGRAMAÇÃO: Ayala Jr.
CAPA: Gustavo Piqueira/Casa Rex
IMAGEM DA CAPA: "Desempregados", ilustração de Livio Abramo para o jornal O Homem Livre.

FOTOS: gentilmente cedidas pelo Acervo Iconographia, Coleção Fúlvio Abramo do Fundo do Centro de Estudos do Movimento Operário Mário Pedro do Centro de Documentação e Memória da UNESP (FA/CC-CEDEM/UNESP), Coleção Mário Pedrosa do Fundo do Centro de Estudos do Movimento Operário Mário Pedro do Centro de Documentação e Memória da UNESP (MP/CC-CEDEM/UNESP) e Fundo do Centro de Estudos do Movimento Operário Mário Pedro do Centro de Documentação e Memória da UNESP (CC-CEDEM/UNESP)

Dados Internacionais de Catalogação na Publicação (CIP)
(Câmara Brasileira do Livro, SP, Brasil)

Abramo, Fúlvio (1909 -1993).
A revoada dos galinhas verdes. / Fúlvio Abramo. – São Paulo: Veneta, 2014.
198 p.; il.

Título original: 7 de outubro de 1934 - 50 anos.

ISBN 978-85-63137-29-6

1. Ciência Política. 2. Partido Político. 3. História Política do Brasil. 4. Liga Comunista Internacionalista. 5. Frente Única Antifascista. 6. Ação Integralista Brasileira. 7. Movimentos Sociais. 8. Movimento Operário. 9. Movimentos Fascista. 10. Protestos de Rua. 11. Cidade de São Paulo. 12. Praça da Sé. 13. Anticomício de 7 de outubro de 1934. I. Título. II. A difícil tarefa de construir a unidade.

CDU 329   CDD 320

Catalogação elaborada por Ruth Simão Paulino

Rua Araújo 124 1o andar
São Paulo-SP 01220-020

www.veneta.com.br | contato@veneta.com.br

NOTA DESTA EDIÇÃO

Este texto do Fúlvio Abramo foi publicado originalmente com o nome "7 de outubro de 1934 – 50 anos" em 1984, como o primeiro dos Cadernos do Cemap (Centro de Documentação do Movimento Operário Mário Pedrosa). A ele, acrescentamos, nesta edição, as imagens, algumas notas e uma cronologia (que começa em 1916 e termina em 1935 porque assim deu na veneta de seu autor).

Nossos agradecimentos para Paula e Marcelo Abramo, Vladimir Sacchetta, Felipe Corrêa, Pedro Mayer Bordoto, Almerindo Oliveira Barreto Filho, Ned Ludd, Everaldo de Oliveira Andrade, Dainis Karepovs, Pablo Ortellado e Velot Wamba.

Marieta Baderna

A todos meus companheiros do 7 de outubro de 1934

NOTA BIOGRÁFICA PUBLICADA NA 1ª EDIÇÃO

FÚLVIO ABRAMO NASCEU em São Paulo, em 1909. Estudou no Instituto Médio Dante Alighieri, completando os cursos primário e secundário e chegando até o penúltimo ano do liceu, correspondente ao segundo grau. Teve de abandonar os estudos e trabalhou, primeiro, na marmoraria Pavone situada na rua Ana Neri (hoje Rua Cardeal Arcoverde), onde aprendeu a preparar mármores e granitos e a auxiliar no acabamento de estatuetas para cemitérios, numa atividade quase clandestina, reprovada por seu pai. Depois foi vendedor de aparelhos aspiradores Eletrolux e sucessivamente vendedor pracista de louças e cristais.

Neto de um anarquista e filho de um humanista, ambos italianos, Fúlvio entrou para o movimento de esquerda em 1928, formando um grupo independente com sua irmã Lélia e mais oito militantes, que se filiaram depois à Oposição de Esquerda, logo que Mário Pedrosa, Lívio Xavier, Aristides Lobo e João da Costa Pimenta a organizaram em São Paulo. Preso em 1935, permaneceu no "Maria Zelia"[11] *até agosto de 1937. Libertado, refugiou-se na Bolívia, onde foi ajudante e depois motorista de caminhão de carga, cobrador de impostos, professor de introdução à Botânica Pura e Aplicada na Escola de Agricultura e Veterinária de Santa Cruz de la Sierra, vindo ainda a ser diretor da mesma. Foi expulso da Bolívia em 1946. Jornalista profissional em São Paulo, sócio-fundador do Partido Socialista Brasileiro e, com a extinção deste, partidário sem partido dos organismos de luta dos trabalhadores. Foi secretário da Frente Única Antifascista de 1933 a 1934, presidente da Coligação dos Sindicatos Operários do mesmo período, presidente do Comitê de Greve do Sindicato dos Jornalistas Profissionais, por ocasião da grande vitória da luta de 1967, e, atualmente, aposentado sem emprego.*

NOTA PRÉVIA

ESTE RELATO, NECESSARIAMENTE sucinto, pressupõe, da parte do leitor, um conhecimento bastante aproximado da história do movimento revolucionário que se inicia com a queda do csarismo na Rússia, o advento dos bolcheviques no poder, a formação do primeiro Estado proletário da história, as crises, as guerras, as invasões e a degenerescência do Estado operário, a decapitação física da vanguarda revolucionária autora e fautora da Revolução de Outubro pelo stalinismo imperante e o advento e a vitória do fascismo e do nazismo na primeira metade do século XX. Por isso, foram evitadas longas justificativas e exposições de episódios, fatos e teorias.

Este trabalho divide-se em duas partes: a primeira aborda os precedentes da situação que levou à formação da Frente Única Antifascista e narra as atividades iniciais dessa organização; a segunda trata da contramanifestação do dia 7 de outubro de 1934, que pôs a nu a falsidade de intenções do integralismo e da ditadura getulista, que estava a um passo para servir-se dele como arma para a submissão das classes trabalhadoras e das liberdades democráticas.

Fúlvio Abramo

AGRADECIMENTOS

Aos companheiros do CEMAP, especialmente a Dainis Karepovs, Carlos Régis Leme Gonçalves e Luiz Antônio Novaes, que tornaram possível a coleta de documentos, a confecção, revisão e edição deste livro.

I – A DIFÍCIL TAREFA DE CONSTRUIR A UNIDADE

"Só se poderá agir praticamente com um acordo entre as diferentes organizações contra o inimigo comum. Sem renunciar à sua independência nem ao direito de crítica mútua, as organizações operárias devem concluir entre elas um acordo de combate ao fascismo. Antes de mais nada, trata-se de defender um instrumento fundamental do proletariado: suas organizações. Esta tarefa é igualmente evidente e imediata aos olhos de todo operário organizado, seja qual for a direção política global de sua organização."

Leon TROTSKY, "Pour un accord de combat des organisations prolétariennes contre le fascisme", in Oeuvres (nov. 1933 - abr. 1934). Paris: EDI, 1978, pp. 82-83, v. 3.

O ACONTECIMENTO QUE estamos comemorando é o da dissolução, pela Frente Única Antifascista (FUA), instrumento formado por partidos e entidades sindicais e políticas das classes trabalhadoras, de um comício convocado pela Ação Integralista Brasileira (AIB), partido de ideologia nitidamente fascista, e a consequente expulsão de seus asseclas do local em que se haviam concentrado para realizá-lo.

Ocorreu há exatamente cinquenta anos,[2] no próprio centro da cidade de São Paulo, na Praça da Sé, onde tantos e tão significativos momentos da vida paulista e nacional marcaram a passagem de nossa história política. Trazê-lo à memória, hoje, nesta fase crítica da situação do país, não é um exercício de saudosismo: constitui tarefa necessária para dar o relato mais fiel de sua gênese e eclosão da parte de quem está em condições de fazê-lo e para desmistificar uma suposta historiografia praticada por gente de várias qualificações e origens – historiadores sólida e fielmente comprometidos a mentir em favor de certas tendências ditas de "esquerda" e que se comprazem em transformar a história em "estórias"; memorialistas de memória conscientemente infiel; romancistas autobiográficos autocomplacentes e, por que não, "brazilianists" tão ingênuos quão desinteressados da realidade dos fatos. Muito mais que isso, porém, o objetivo desse trabalho é retraçar as etapas principais dos caminhos que levaram à formação daquela frente e de sua ativação para que operasse exatamente como e para que fora programada (a saber, impedir, a qualquer custo, que os integralistas ganhassem a batalha das ruas), e poder ainda tornar-se matéria de reflexão para orientação das novas gerações de lutadores das classes oprimidas.

A contramanifestação ou anticomício de 7 de outubro de 1934, se não liquidou o integralismo (a isso seus promotores não se propunham, uma vez que sabiam avaliar a relação das forças em jogo), impediu, de vez, que a ditadura getulista se servisse dele como ponta de lança de seus próprios desígnios hegemônicos e autocráticos, ao patentear o integralismo à sua fraqueza ante a energia do proletariado organizado. Impossibilitou ao ditador utilizar-se de um instrumento de poder – o fascismo – que se mostrava, então, em plano internacional, como um terrível mecanismo de esmagamento das reivindicações das massas trabalhadoras, numa época de crise

agônica do capitalismo. E obrigou Getúlio Vargas, embora não a maioria de seus colaboradores mais próximos, a olhar para outra direção na sua ânsia de concentrar totalitariamente o poder: a aliança com parcelas dirigentes das classes trabalhadoras, servindo-se, no entanto, do mesmo modelo fascista que os integralistas traziam copiado de seus mestres europeus. Mas no frigir dos ovos da história, a derrota das intenções dos integralistas de demonstrar, no dia 7 de outubro, que estavam preparados e com força suficiente para colocar ante Vargas o problema de uma possível dualidade de poder induziu, se não obrigou, a ditadura getulista a trocar de mão.

Ao invés de fazê-lo com as hordas fascistas, governaria com uma camada de operários cooptados para uma ação de desarmamento político dos sindicatos, destinada a gerar uma burocracia fiel aos objetivos centralizadores do governo Vargas.

Em lugar de servir-se do lumpemproletariado e das camadas mais atrasadas das classes médias arruinadas, como na Itália e Alemanha, ou de oficiais "brancos" reacionários, como na Polônia ou na Hungria, Vargas utilizar-se-ia de uma camada de trabalhadores facilmente corruptível, colocando-a à frente dos sindicatos, federações e confederações sindicais, dando à organização sindical a mesma estrutura fascista que seus membros pretendiam construir e dotando esses organismos de poderes suficientes para manter os trabalhadores em estado de obediência pelo uso simultâneo da repressão policial e da outorga de uma parcela insignificante de poder decisório.

Parcela de poder avidamente aceita pelo stalinizado Partido Comunista do Brasil (o PCB), que passou a defender a estrutura sindical getulista (o "trabalhismo")[3] e tornou-se praticamente aliado da ditadura, com a sua política de aliança da classe trabalhadora com o "capital progressista nacional". Política que terminou com a liquidação da FUA e a formação, em seu lugar, da Aliança Libertadora Nacional, a utopia colaboracionista de tão conhecidos e desastrosos resultados.[4]

Página 14: Ao centro, de vestido branco, Anna Lauff. Operária de uma fábrica de fósforos, ela levou armas para serem usadas na Praça da Sé.
Páginas 16 e 17: Fúlvio Abramo.

A FUA, criada em 1933 e que varreu os integralistas da rua em outubro de 1934, não foi, pois, como querem interpretá-la analistas de várias extrações, uma precursora da ALN; esta foi a sua antítese e a sua, e também própria, malfadada coveira.

Os anos 1930 marcaram a ascensão internacional do fascismo, como consequência do apodrecimento geral do capitalismo clássico e do reajustamento e realinhamento do plano imperialista, que se traslada da Europa para os Estados Unidos.

O movimento fascista se afirma como a última e mais confiável máquina de repressão das massas trabalhadoras: ele não é apenas um método mais eficiente de apropriação da mais-valia produzida pelo trabalho assalariado, vai além: submete a sociedade totalmente ao seu domínio, criando uma superestrutura constituída de círculos hierárquicos reduzidos que se resumem, no topo da escala, aos manipuladores do capital financeiro, o máximo, no sistema da propriedade privada capitalista. Facilitam enormemente a sua tarefa os erros cometidos pelas vanguardas do movimento operário, inclusive e principalmente pelos comunistas então já convertidos ao stalinismo imperante na União Soviética e na III Internacional, e também os erros cometidos pela maioria dos partidos social-democratas europeus de tendência e posições colaboracionistas fortemente arraigadas.

A vitória do fascismo sobre as massas operárias organizadas em sindicatos e partidos numericamente poderosos foi extraordinariamente favorecida pela política do chamado "terceiro período", uma divisão burocrática da história, forjada pelo stalinismo para mascarar, ao mesmo tempo, a sua incapacidade de conduzir o proletariado internacional, como classe, à conquista do poder e sua necessidade de eliminar qualquer resquício de democracia interna no país da Revolução de Outubro.

Segundo essa visão, a história, a partir da conquista do poder na Rússia dos czares e do fim da Primeira Guerra Mundial, até os anos 1930 se dividia em três períodos diferentes: o "primeiro", de 1917 a 1924, caracterizado por grandes enfrentamentos entre a burguesia e o proletariado, tanto na União Soviética como no plano internacional; de 1925 a 1928, "segundo período", o regime

Página 19: João Cabanas

capitalista, vencida a etapa, estabiliza-se mediante a adoção do fascismo como sistema de poder, especialmente nos países mais atingidos pela crise do pós-guerra. Depois de 1928, comprovada a inutilidade dos esforços da burguesia para resolver a grande crise, que se acentuaria a partir de 1929, com o "crack" da Bolsa de Nova York, há uma acelerada radicalização das massas que manifestam, através de lutas memoráveis, sua inconformidade com as enganosas "soluções" dos regimes de direita. Para a direção stalinizada da III Internacional, este é o "terceiro período", época em que o proletariado dirigido exclusivamente pelo PC, ainda segundo os stalinistas, tomaria o poder diretamente, derrubando o fascismo, sem a passagem por uma fase intermediária de regime democrático. Donde, nada de alianças ou frente única de comunistas com social-democratas, socialistas, anarquistas, todos considerados "social-fascistas" pelo stalinismo; e portanto inimigos e não possíveis aliados.

É a época dos ferozes expurgos de todas as dissidências internas, das alas de direita e de esquerda que ainda permanecem no PC da URSS, do assassínio de todas as principais figuras da Revolução Russa e da imposição da política do "social-fascismo" e da "Frente Popular", isto é, a aliança com os movimentos das chamadas "burguesias nacionais anti-imperialistas".

Essa aventura desemboca no famoso "Plebiscito Vermelho", em que os comunistas alemães votam com os nazistas e contra os social-democratas, abrindo caminho para a tomada do poder por Hitler; no desarmamento dos comunistas chineses para obrigá-los a alinhar-se com o Kuomintang de Chiang Kai-shek, o qual, ao dia seguinte, manda chacinar dezenas de milhares de trabalhadores e militantes comunistas; da tentativa frustrada de uma grande manifestação do PC francês concomitante com outra, dos fascistas da "Croix de Feu", ambos querendo a "derrubada do governo burguês". É uma época em que o stalinismo colabora diretamente com as piores forças reacionárias de todo o mundo, para justificar a sua política de aniquilamento dos últimos resquícios de democracia interna ainda existentes na União Soviética, apesar da "razia" burocrática.

Essa orientação, emanada diretamente do Bureau Político do PC da URSS para a III Internacional, é imposta a todos os países onde o

Nas prisões infectas da Rua dos Gusmões apodrecem operarios pelo crime de quererem a emancipação dos trabalhadores
O proletariado se agita com indignação contra as violencias policiais

O regime semi-fascista em que vivemos prende, deporta e sonega á justiça os presos socia. O regime "integralista" aspira redobrar essas violencias, matando e torturando inquisitoria mente os seus adversarios.

Ilustração da edição 75 do jornal anarquista *A Plebe*.

PC tem base de alguma expressão. O "Social-fascismo" do "terceiro período" chega ao Brasil e é aqui aplicado com muito zelo pelo PCB.[5] Mas, em junho de 1934, os comunistas mudam subitamente de tom. De repente, apavorados com os efeitos arrasadores de seu próprio esquematismo e oportunismo (sempre à direita), a direção internacional dá uma violenta guinada e proclama a necessidade de formar "frentes populares" contra o fascismo e a guerra, procurando unir-se principalmente a grupos e partidos políticos da burguesia que apresentassem eventuais divergências com os fascistas. Quanto aos social-democratas, socialistas e anarquistas, os stalinistas propugnavam a "união pelas bases", por cima das direções, o que significava que o PC não pretendia aliar-se a eles, apesar da aparente mudança de orientação anterior.

NO BRASIL

A posição do PCB ante essa política foi de aceitação pura e simples, o que não era problema nenhum, pois as posições do PCB sempre foram as mesmas em relação aos demais movimentos de esquerda. Antes do último "tournant", em 1933, ainda em plena era do "social-fascismo", o PCB se recusara, sistematicamente, a apoiar qualquer ação em comum, em qualquer campo da luta, com anarquistas, socialistas e muito menos com trotskistas.

A adoção da nova linha do "tournant" pelo PCB foi, em face desses precedentes, cercada de avanços e recuos, indecisões e lutas internas que explodem principalmente entre as regionais de São Paulo e do Rio de Janeiro e que são fatores ponderáveis de dificuldades na rota da formação de uma frente única que pudesse enfrentar o fascismo brasileiro, personificado pelo movimento da Ação Integralista Brasileira. Calcada nos modelos italiano e alemão, a Ação Integralista Brasileira tinha como metas principais de suas atividades o anticomunismo e o antissemitismo, atacando a penetração do capital "semita" estrangeiro, mas não o de Berlim e o de Roma. Era furiosamente anticomunista, antissocialista e, em 1933, já representava certa força capaz de ser considerada um hipotético, mas esperançoso, instrumento de repressão das massas, caso essas dessem provas de voltar-se para soluções mais radicais em suas lutas pelos direitos que lhes eram eternamente negados, e que o getulismo, apesar das promessas feitas nos primeiros meses de sua vitória no movimento de 1930, não conseguia e não queria atender. O integralismo pretendia transformar-se no braço indispensável da reação e substituir-se ao regime burguês-democrata vigente.

Acompanhando a organização nazista, os integralistas criaram milícias armadas, uniformizadas e treinadas para o assalto e a destruição dos inimigos de esquerda e de suas organizações. O controle dos centros urbanos, como para os nazistas e fascistas, era considerado essencial como método eficiente para desarticular qualquer possível resistência dos seus adversários.

PAPEL DA LCI

O êxito da ação de frente única, que conseguiu impedir a afirmação de vitória que os integralistas pretendiam obter coma demonstração de sua suposta força "militar" (no que acreditavam), deveu-se ao entendimento que foi possível estabelecer entre todas as correntes do movimento operário e de camadas de intelectuais nacionais e imigrados, organismos sindicais, enfim, cidadãos de todas as tendências. Deveu-se principalmente à união em torno de um único objetivo comum, claro e essencial para todos, não se dando lugar a interveniência de outras questões, ideológicas ou políticas. O caminho da construção dessa frente única numa época em que tantos precedentes separavam profundamente as várias correntes do movimento revolucionário em todo o mundo foi difícil e demandou decisão e clareza de posições, única atitude capaz de unificar a vontade dos antifascistas.

Páginas 24 e 25: Mario Pedrosa com sua irmã Carmelita e crianças da vizinhança, em Campinas, em 1926.

É preciso considerar, entretanto, que se a vitória da Praça da Sé se deveu à ação de militantes de todas as tendências políticas e ideológicas do proletariado[6] com o concurso de elementos da classe média mais esclarecida, os fundamentos que presidiram a sua concretização e a tática de luta adotada foram estabelecidos e tiveram sua inspiração inicial por iniciativa de militantes de organizações de esquerda, de tendências trotskista e socialista, inclusive de grupos antifascistas estrangeiros[7] que desenvolviam, no seio das respectivas comunidades sediadas em São Paulo, intensa propaganda de esclarecimento sobre o fascismo imperante em seus respectivos países de origem.

Os cronistas e "historiadores" que se ocupam com aquele acontecimento fingem esquecer a oposição encarniçada que o PCB e os anarquistas exerceram contra a FUA durante o ano e meio que durou a árdua tarefa de mantê-la de pé e atuando. Os primeiros, devido a sua desastrosa política da "frente popular" que excluía a frente única proletária, por considerar esta como sectária (e, pasmem-se, contrarrevolucionária!),[8] e os segundos, pela obediência a seus princípios "antiorganizativos".[9]

Durante as trabalhosas e difíceis reuniões que mantínhamos com os stalinistas, perdíamos noventa e nove por cento do tempo rebatendo os ataques e as infâmias que nos eram assacados e esgrimidos como armas para boicotar a ação da FUA.

Como representante da Liga Comunista Internacionalista nessas reuniões, das quais muito poucas vezes participavam membros do PSB, e, depois, como presidente do Convênio das Organizações Sindicais Antifascistas, eleito em reunião da FUA realizada no Sindicato dos Empregados no Comércio, nas semanas imediatamente anteriores ao 7 de outubro, tive de suportar uma verdadeira guerra com Hermínio Sacchetta, secretário regional do PCB em São Paulo, e com mais de vinte ou trinta representantes de "soi-disants" organizações de tendência comunista, que não passavam de meros carimbos com os quais o PCB pretendia enganar-nos, mediante exibição de influência e força que não possuíam. Mas cada um desses delegados contava com um voto na tomada de decisões. Dessa forma, minhas propostas, feitas em nome da LCI, eram literalmente sepultadas pela avalancha de votos contrários. Quando 7 de outubro chegou, toda essa montagem marota e toda a "genial política do terceiro período" foram por água abaixo,

L. TROTSKY

REVOLUÇÃO E CONTRA-REVOLUÇÃO NA ALEMANHA

destruídas em grande parte por seus próprios fautores. Realmente, ignorar esses fatos milionariamente comprovados pela história é um exercício meio idiota e meio acanalhado de autocomplacência.

A LCI E OS PRIMEIROS MOMENTOS DA FUA

O problema da luta antifascista, travada pelo proletariado nos países europeus que sucumbiram ao seu avanço, era, nessa altura, muito familiar à vanguarda dos movimentos brasileiros de esquerda, devido à divulgação dos princípios em jogo – posições stalinistas *versus* posições trotskistas –, em virtude da publicação de uma obra fundamental, que ainda hoje tem toda a pertinência e valor que demonstrara à época de seu aparecimento: o livro *Revolução e contrarrevolução na Alemanha*, formado pela reunião de vários artigos e dois pequenos folhetos de Leon Trotsky e publicado pela Editora Unitas[10] em 1933.

Mediante a exposição dos fatos ocorridos antes da tomada do poder por Hitler na Alemanha, Trotsky demonstra como a política da III Internacional, de derrotismo ante a ofensiva nazista, foi a responsável pela vitória da reação, como o foi na China e no resto da Europa. O livro causou forte impacto na opinião dos antifascistas e se constituiu no orientador fundamental da política da LCI entre nós. Além desse elemento de orientação, somava-se, no quadro da situação brasileira, a ausência de qualquer análise séria feita pelo PCB sobre o fenômeno integralista no Brasil. Essa tarefa coube, principalmente, à LCI ou, mais concretamente, a Lívio Xavier e Mário Pedrosa em artigos publicados no Órgão da LCI (*A Luta de Classe*) e no *O Homem Livre*.

A literatura anti-integralista do PCB nessa fase é inteiramente superficial, para poder justificar a sua posição oportunista. Em reunião da Comissão Executiva da LCI realizada em São Paulo, em janeiro de

---

Página 27: Capa do livro *Revolução e Contrarevolução na Alemanha*, de Leon Trotsky.

1933,[11] foi aprovada a proposta de lançamento da campanha pela criação de uma Frente Única Antifascista, resultado da política do movimento trotskista e da pressão exercida pelos antifascistas nacionais e estrangeiros de vários matizes e, muito particularmente, pela insistência de um companheiro exilado da Itália, Goffredo Rosini, que fora militante do Partido Socialista Italiano, fundador do Partido Comunista daquele país e companheiro de Antonio Gramsci nos primeiros anos da prisão deste líder revolucionário. Rosini, na ocasião de sua chegada ao Brasil, já havia adotado o programa da IV Internacional.[12] Na ocasião, além de aprovar a criação da FUA, resolveu-se tomar contato com o maior número possível de sindicatos, organizações políticas de esquerda, inclusive anarquistas, comunistas, socialistas, grupos e sociedades estrangeiros antifascistas, numerosos e influentes à época. Determinou-se também que o lançamento da proposta em público se faria durante a ocorrência de um acontecimento que despertasse a atenção dos antifascistas. A oportunidade foi apresentada pela iniciativa do Grupo Antifascista Giacomo Matteotti, que resolvera promover uma sessão pública de comemoração pelo nono aniversário do assassinato daquele que fora um dos líderes mais combativos da luta contra Mussolini e o fascismo. O evento estava marcado para o dia 10 de julho de 1933.

O HOMEM LIVRE

De fevereiro a junho de 1933, a LCI e o PSB de São Paulo,[13] que logo aceitara a proposta de se juntar à luta, desempenharam intensa atividade para concretizar a tarefa. Um dos primeiros frutos desses esforços foi a adesão, por parte de um grupo de jornalistas simpatizantes que trabalhavam no *Diário da Noite*, à ideia de Goffredo Rosini de criar um periódico legal, aberto à colaboração dos antifascistas para imprimir maior significação e amplitude à proposta da FUA e à sua sustentação. Surgiu, assim, *O Homem Livre*, que veio

Página 30: Primeiro número do jornal O Homem Livre.

O HOMEM LIVRE

Rua S. Bento, 58 — 2.º andar — Telefone 2-3780

Diretor-gerente: **José Pérez**

S. Paulo, 27 de Maio de 1933

Num.

Contra o fascismo

SE ISTO CONTINUA...

— Ainda um pequeno esforço e teremos levado a civilização ao seu ponto culminante...

(De "Canard Enchaîné", Paris).

FEMINA

Ganha terreno a barbarie fascista

SANGRENTO "PROGROM" EM CERNAUTZI, CAPITAL DA BUKOVINA

Explorações Antisemitas

SOBRE OS "PROTOCOLOS" DOS SABIOS DE SIÃO

JOSÉ PEREZ

I

ANTISEMITISMO AGOIRENTO

HITLER - 1932

O POVO ELEITO RECLAMA ESPAÇO

"A servidutude do restabelecimento das fronteiras de 1914 é um absurdo político de proporções e de consequencias tais que dev'a ser considerada como um crime..."

(Extracto de "Mein Kampf", de Adolfo Hitler; Munich, 1932.)

UNICAMENTE PELA FORÇA DAS ARMAS

DEANTE DO EMBLEMA FASCISTA

OS ESTIVADORES DE ROUEN RECUSARAM-SE A FAZER A DESCARGA DO NAVIO ALEMÃO

PARIS, 24 (E) — Telegrafam de Rouen:

HITLER - 1933

A ALEMANHA NÃO TEM SENÃO UM DESEJO...

(Do discurso de Hitler, no Reichstag, pronunciado a 17 do corrente).

O HITLERISMO CONTRA A MAÇONARIA

A **Cooperativa**
MOVEIS E TAPEÇARIAS
Rua José Paulino, 35-A
Tel. 4-0918

à luz a 27 de maio. Colaboravam nesse primeiro número, com seus nomes reais ou pseudônimos, Mário Pedrosa, Lívio Xavier, Aristides Lobo, Goffredo Rosini, Geraldo Ferraz, Miguel Macedo (que redigiu todos seus editoriais), Lívio Abramo, seu ilustrador constante, e outros, até a suspensão das edições.

Foi resolvido que Geraldo Ferraz,[14] por não ser militante da LCI e ser o menos comprometido do grupo perante a polícia política, seria o diretor do jornal. O advogado José Isaac Pérez foi indicado para o cargo de gerente. A mim coube o trabalho de secretário de fato, tendo as incumbências de reunir os artigos dos colaboradores, comprar o papel de impressão, encontrar tipografia disposta a arcar com o risco de estampar uma publicação que tinha todos os elementos para ser perseguida e mesmo suprimida, controlar a distribuição dos exemplares nas bancas de jornais e outras tarefas menores, sem contar também com a necessidade de preencher, com notas e outras matérias, os espaços em branco que poderiam sobrar aqui e ali. Além de sair à procura das contribuições para o pagamento das contas.

RUMO À FUA

Pedrosa e Aristides dedicaram-se, nas semanas seguintes a procurar contatos com o PCB. Devido à intensa campanha de calúnias e ódio que a direção stalinista desencadeava contra os trotskistas esses contatos foram muito difíceis de serem atados. A política do PCB com relação ao trotskismo era de puro terrorismo: os comunistas estavam rigorosamente proibidos de manter quaisquer contatos, não só políticos como pessoais, com trotskistas - um ponto dos estatutos do PCB, o famigerado artigo 13, tornava institucional a proibição para os "comunas"[15]; em pleno regime de ilegalidade, o "Partidão", publicava em seus órgãos os nomes dos militantes trotskistas, sob a obscena justificativa de que não havia perigo nenhum para eles, pois eram mesmo "policiais a serviço do imperialismo". Nas assembleias sindicais, nas manifestações políticas de classe, a atitude

Raimundo Padilha discursa durante comício integralista. À sua direita, Plínio Salgado, e à esqueda, Gustavo Barroso.

Plínio Salgado e alguns de seus integralistas.

dos stalinistas não era diferente: procuravam por todos todos meios impedir a palavra dos trotskistas, agrediam-nos, como ocorreu, mais de uma vez, nas sedes da Associação das Classes Laboriosas, da Federação Operaria de São Paulo (anarquista) e da Lega Lombarda. Em fins de janeiro, o Grupo A da LCI, de que eu era secretário, foi incumbido, em reunião da Executiva da organização, de que eu também fazia parte como encarregado da secretaria de agitação e propaganda (Agit-Prop), de levar a política de frente única aos debates do Sindicato dos Empregados no Comércio de São Paulo. Aquele grupo formava-se de ativistas sobrecarregados de tarefas: militância nas atividades próprias da LCI; atividades no sindicato[16], do qual fazíamos parte minha irmã Lélia Abramo (da comissão de sindicância), Ariston Rusciolelli, Fernando Salvestro, eu e vários outros militantes; cumprimento de atividades de base do Partido Socialista, naquilo em que a política deste partido não colidisse com a da LCI[17]; trabalho material de propaganda geral da organização (auxiliado eficientemente pelos gráficos trotskistas Manoel Medeiros e Mário Dupont).

Apesar dessa acumulação exagerada de tarefas, a atividade em favor de organização da FUA prometia alcançar bons resultados devido à presença de Arnaldo Pedroso D'Horta e Noé Gertel, dois jovens mas já destacados militantes do PCB com quem foram estabelecidos contatos mais diretos.

PRIMEIROS PASSOS DA FUA

Na manhã de domingo de 10 de junho de 1933, no Salão dos Gráficos da Sede da União dos Trabalhadores Gráficos, a UTG, de tantas lutas e tradição de lealdade para com a classe operária, realiza-se a anunciada comemoração do nono aniversário do assassinato, a mando de Mussolini, do líder socialista Giacomo Matteotti, combatente antifascista. Estavam presentes mais de 500 pessoas. Usaram da palavra Francesco Frola, discursando sobre o homenageado e sua luta; José Isaac Pérez pelo *O Homem Livre*, e Aristides Lobo em nome da Liga Comunista Internacionalista (bolcheviques-leninistas). Orador fluente, Aristides propôs a formação de uma frente única antifascista, declarando-se disposto a "dar a mão a todos os que, embora militantes de outras ideologias, se encontram empenhados em defender-se contra a ação sistematizada". Formou-se, então, uma comissão preparatória encarregada de estudar "as bases sobre as quais se deveria erguer a organização de uma Liga Antifascista" (*O Homem Livre*, n. 4, de 17 de junho de 1933). O jornal comenta que o grande êxito do acontecimento foi o fato de se conseguir "um acordo de princípio entre grupos de antifascistas italianos e brasileiros e organizações proletárias de diversas tendências, sobre os métodos de luta contra o fascismo" (idem). Falaram ainda o anarquista Edgard Leuenroth e o advogado Bruno Barbosa.

Uma semana depois, em 25 de junho, no salão da União Cívica 5 de Julho, constituía-se a *Frente Única Antifascista*, numa reunião presidida por Francesco Frola e com a presença das seguintes organizações e entidades: Partido Socialista Brasileiro, Grêmio Universitário Socialista, União dos Trabalhadores Gráficos, Legião Cívica 5 de Julho, Liga Comunista Internacionalista, Partido Socialista Italiano, Bandeira dos 18, Grupo Socialista Giacomo Matteotti, jornal *O Homem Livre*, jornal *A Rua*, revista *O Socialismo*, Grupo Itália Libera, Federação Operária de São Paulo, jornal *A Lanterna* e jornal *A Plebe*. Estas últimas três organizações, de tendência tradicionalmente anarquista, declaram-se contrárias à formação da FUA, alegando problemas de princípio, mas também se declaram dispostas a lutar "individualmente". O PCB e as numerosas entidades a ele filiadas, apesar de convidadas, não compareceram ao ato. Mais tarde, a FUA receberia as adesões da União dos Profissionais do Volante e do periódico socialista *O Brasil Novo*[18]. Entre 25 de junho e 14 de julho, data de uma grande manifestação anti-integralista que se realizou na sede da Lega Lombarda, desenvolveram-se grandes esforços para dar maior amplitude a sua representatividade, conquistar sindicatos e agremiações para a ação comum e, principalmente, atrair o PCB a ingressar na organização. Os primeiros contatos foram estabelecidos por Mário Pedrosa com Roberto Sisson, por intermédio do médico Nestor Reis[19], figura extraordinária a quem o movimento deve grandes serviços, e por mim, através de Arnaldo Pedroso D'Horta e Noé Gertel, então membros, como eu, do Sindicato dos Empregados no Comércio de São Paulo, que tinha a sua sede no prédio Santa Helena. Esse edifício se constitui daí por diante em centro das atividades organizatórias da FUA. Trabalhando como auxiliar de contador numa firma de transportes rodoviários interurbanos, eu fui escolhido para preencher o cargo de secretário da entidade formada pelas empresas do ramo, o Convênio das Empresas de Transportes Rodoviários do Estado de São Paulo, cuja sede localizava-se no mesmo prédio. Na época de que nos ocupamos, depois de intermináveis discussões com Pedroso D'Horta, foi marcado um encontro com o dirigente comunista Hermínio Sacchetta, que acabou sendo adiado para data posterior. Mas as discussões com Arnaldo Pedroso D'Horta e Noé Gertel foram proveitosas: apesar das exageradas e infindáveis contendas mantidas no Sindicato, os comunistas resolveram enviar delegados "para observar o comportamento dos integrantes da FUA" e, em consequência, tomar posição.

Nos primeiros dias de julho, o grupo que dirigia, ainda que não formalmente, a FUA reuniu-se na sede do PSB e tomou as seguintes decisões: a) convocação para um comício da FUA em comemoração à queda da Bastilha para o dia 14 de julho; b) ratificação das bases para a constituição da Frente Única Antifascista. A reunião realizou-se sob a presidência de Aristides Lobo. Na hora da declaração de voto, os anarquistas reafirmaram ser contrários à criação de uma "organização": eles propunham uma "frente única de indivíduos"[20]. Apesar dessa postura, os anarquistas se portaram bravamente na batalha da Praça da Sé, a 7 de outubro de 1934.

O comício realizou-se na Lega Lombarda, sob a presidência de Aristides Lobo. Foi lido, na ocasião, o Manifesto da Frente Única Antifascista (ver apêndice) e a tribuna foi ocupada sucessivamente pelos representantes das seguintes organizações coligadas: *O Brasil Novo*, Frente Negra Socialista, União Sindical dos Profissionais do Volante, Itália Libera, *O Homem Livre*, União dos Trabalhadores Gráficos, Bandeira dos 18, Liga Comunista Internacionalista e grupos e partidos que enviaram delegados, entre eles o Socorro Vermelho, o PCB, Federação Operária de São Paulo, um ferroviário da Sorocabana e Orestes Ristori. A reunião, iniciada às 20h, prolongou-se até após as 23h. Ao final verificou-se pequeno incidente logo sufocado, originado de um mal-entendido, "encerrando-se a sessão em ambiente de entusiasmo pela campanha iniciada de forma tão auspiciosa" (*Homem Livre*, n. 8, de 17 de julho de 1933). Após o comício de 14 de julho, a FUA passa por um período de inatividade e contra isso se levanta *O Homem Livre*, chamando energicamente as organizações coligadas a cumprir o seu papel. Sob o título "Quem quer lutar contra o fascismo? Que as organizações antifascistas respondam à nossa interpelação", a nota do jornal afirma:

"Como se sabe, organizou-se em São Paulo, há cerca de três meses, a Frente Única Antifascista. Aos primeiros apelos, coligaram-se em torno de um programa mínimo as seguintes organizações: [ver acima]. Muitas destas organizações, entretanto, apesar de suas declarações iniciais, de seus compromissos solenes assumidos perante a opinião livre do país, nunca desenvolveram a menor atividade. E desde a grande manifestação de 14 de julho, a Frente Única Antifascista não apareceu na cena política. Enquanto os fascistas se mobilizam, engrossando suas fileiras, os antifascistas permanecem no marasmo.

O povo precisa saber quem de fato quer lutar contra o fascismo. Neste *O Homem Livre*, devidamente autorizado pelo secretariado da FUA, receberá a confirmação daquele compromisso por parte das organizações faltosas. Cumpre mobilizar urgentemente as forças do antifascismo em São Paulo. Cresce o atrevimento do inimigo, e não será com flores e palavreado que se organizará a resistência às avançadas da reação. É preciso que quem queira lutar contra o perigo da internacionalização do fascismo encontre onde seja aproveitada sua vontade de luta. É indispensável por isso mesmo saber quais as organizações e os indivíduos que desertam da batalha, fazendo o jogo do inimigo e convertendo-se praticamente em asseclas do fascismo." (*O Homem Livre*, nº 14, de 12 de setembro de 1933).

Na edição seguinte, de 23 de setembro de 1933, aparecem as primeiras respostas ao chamado: do Grupo Antifascista Italiano Itália Libera (assinado por Ítalo Carbonelli); de J. Guaraná Santana, diretor de *O Brasil Novo*, e da Liga Comunista Internacionalista (ver apêndice).

PRIMEIRA TENTATIVA DE VIOLÊNCIA INTEGRALISTA

Em novos encontros realizados entre meados de setembro até a primeira semana de novembro, a FUA debate, entre outros, a necessidade de se constituir uma entidade federativa dos sindicatos, surgindo a ideia da formação da Coligação dos Sindicatos, que se concretizaria um pouco mais tarde, e a conveniência de se iniciar a estruturação de órgãos de defesa dos antifascistas, que vêm sendo perseguidos e atacados pelos integralistas em vários pontos do país e do estado. Realiza-se importante reunião nos baixos do edifício Jaú, na Rua Quirino de Andrade, com a presença, pela primeira vez, de Hermínio Sacchetta.

Com muita relutância e acerbadas críticas aos trotskistas, o PCB, acompanhado de mais duas ou três entidades a ele ligadas, concorda em assinar um manifesto ao lado dos "trotskistas", conclamando os antifascistas a participarem de um comício a realizar-se no dia 14 de novembro, no Salão Celso Garcia, na Rua do Carmo, 25, sede da Associação das Classes Laboriosas. Dessa vez, como entidade promotora, aparecia o Centro de Cultura Social. Mais de mil pessoas compareceram, ocupando todas as dependências do recinto, que não era de grandes proporções. O relato do evento foi registrado na edição de 20 de novembro de 1933 de *O Homem Livre*.

Foi nessa ocasião que os integralistas fizeram a primeira tentativa de emprego de meios violentos para dissolver uma reunião esquerdista, fracassada pela pronta reação dos antifascistas. Às 9h, o presidente do Centro abriu o ato, explicando os objetivos da FUA e o papel do Centro nas atividades da frente. Em seguida, ocupou a tribuna o representante do PSB. Enquanto discursava, entraram no recinto, aos grupos, diversos integralistas que ensaiaram uma tentativa de tumulto meio disfarçadamente, mas não conseguiram o seu intento porque os presentes, agindo com presteza e energia, os expulsaram do salão para a rua. Ocupou a tribuna, a seguir, o representante de *O Homem Livre*, J. Neves. Durante sua fala, cerca de 200 integralistas uniformizados que se encontravam na rua tentaram dissolver a reunião, forçando as portas do Centro. Alguns antifascistas que estavam de vigia nas proximidades investiram contra eles, pondo-os em fuga, sob os olhos despeitados dos policiais, que até então haviam assistido aos abusos dos integralistas sem intervir para o "restabelecimento da ordem", conforme as instruções que alegavam ter recebido. O tumulto repercutiu no interior da sede, provocando nos assistentes o desejo de sair à rua para "enfrentar a corja integralista", como escreve *O Homem Livre*. O presidente do Centro restabeleceu a calma e declarou que a leitura do trabalho de nosso companheiro J. Neves estava suspensa, por ser muito longa. O orador, mesmo concordando com a decisão do presidente do Centro, advertiu que esse inesperado desfecho significava em última análise que os integralistas haviam obtido êxito em sua tentativa. Interrompida a conferência, subiu ao palco Hermínio Marques, que pronunciou palavras de incitamento à luta antifascista e aconselhou os manifestantes a saírem todos juntos, em ordem, mas decididos a defender-se de possíveis atos de violência.

Ao fim da manifestação, cerca de 80 pessoas residentes no bairro do Brás, quando iniciavam a descida da rampa da Avenida Rangel Pestana, a partir da Rua do Carmo, foram interceptadas e atacadas a tiros de fuzil por um pelotão de policiais, postados à altura da Rua Figueira de Mello.

O companheiro Agostinho Farina foi baleado pela polícia e só recebeu socorro mais de vinte minutos depois de caído ao solo. Investindo contra os manifestantes, que saíam de modo pacífico do Centro, a polícia espancou e prendeu 17 pessoas, que foram conduzidas à Delegacia Central de Polícia, na Rua do Carmo, prédio hoje tombado, por ser um dos raros remanescentes arquitetônicos do século XIX. Os antifascistas presos foram José Martins, José dos Santos, Elias Valente, Luiz Paparo, Benedito Romanones, Domingos Netto Garcia, Raúl Fernando, Francisco Marino Ortiz, Luiz Trajano Hernandez, José

Jarejo Martins, Antônio Martins Perez, Elias Eischenthal, Manuel Guimarães Júnior, José Herrera Botelho e Milton Campos, todos ligados ao Centro de Cultura Social, e Gastão Massari e Joaquim Odas Ruiz, da Liga Comunista Internacionalista. No dia 17, a polícia deu liberdade a 12 dos 17 presos, conservando ainda detidos, por mais alguns dias, Elias Eischenthal, Luiz Paparo, Benedito Romanones, Martins Perez e outro de quem não se pôde conhecer o nome.

COMÍCIO DE 15 DE DEZEMBRO DE 1933

Os acontecimentos de 14 de novembro, "aliados a outros atos de violência praticados por integralistas em Niterói e na Bahia, tiveram como resultado um reforçamento auspicioso da vontade de luta das massas" (*O Homem Livre*, 14 de outubro de 1933). Com efeito, a constatação do periódico oficial da FUA retrata o estado de espírito e a disposição dos trabalhadores e dos antifascistas em geral.

A atividade da FUA se desenvolve em várias frentes: a propaganda de esclarecimento do *O Homem Livre* se intensifica, principalmente com artigos de Mário Pedrosa, Aristides Lobo, M. Macedo, Lívio Xavier e G. Rosini, que, com suas análises e comentários, desmascaram toda a demagogia fascistoide do integralismo; o estabelecimento das primeiras bases para a constituição da Coligação dos Sindicatos Operários de São Paulo, tarefa entregue a mim durante reunião realizada no Sindicato dos Empregados no Comércio de São Paulo, e a organização de grupos de defesa e dos problemas práticos para a ação, confiados ao coronel João Cabanas pela direção da FUA. A tarefa de organização da Coligação teve como aliados principais e mais influentes João da Costa Pimenta, Manoel Medeiros e Mário Dupont, da União dos Trabalhadores Gráficos de São Paulo (UTG); a Coligação das Associações Proletárias de Santos,

---

Página 43: *A Plebe*, de dezembro de 1932.

Sabado, 3 de Dezembro de 1932 — Fundado em 17-6-1917 — Nova fase N.

A PLEBE

PERIODICO LIBERTARIO — REDATOR-GERENTE: RODOLPHO FELIPE

AOS HOMENS LIVRES

Dos Militantes do Partido Democratico Socialista, publicado nos jornaes do Rio ha dias, respigamos os seguintes períodos:

«O novo ambiente politico-social de plena confusão. Vivemos ao começo de uma gratidão. O facto nos aparece acentuado. Je vamos negras.

O reacionarismo politico e o obscurantismo clerical, sempre unidos e emanados de um mesmo foco, aproveitam a occasião propicia para escalar o golpe e apanhar ás mãos a Republica que elles odeiam e cuja liberdade que elles não toleram e as idéas de progresso social que não podem comprehender.

E a consciencia desse perigo que o desejamos despertar em todos os espiritos verdadeiramente democratas do paiz, particularmente naquelles que comnosco condenam a um ideal de justiça e solidariedade humana.

Os agentes do Vaticano nos estendem os seus torvos designios abicamente, no pulpito, no confessionario, nas congregações e onde se peculiam fazer da rebelião um recurso de compreensão e de propaganda politica, o clero catholico prega a necessidade de remoralisar o Brasil, imitando os rigorismos tributados pelos punhais assassinos da tiania que enxovalha o berço de Galileu.

Em consequencia do «Tratado de Latrão» celebrado entre Pio XI e Mussolini, o Vaticano tornou-se num Estado.

So esse facto devia tornar suspeita a actividade politica de milhares de padres e religiosos que vivem senhalados para cidadania.

Aqui no Brasil, principalmente, onde o clero catholico é na sua maioria «estrangeiro», italiano em grande parte, não se lhe pode permittir que os padres fizessem politica e gosassem do direito de cidadania.

Presos por um voto de obediencia a um governo estrangeiro, não é justiça, realmente, essa tolerancia a um governo estrangeiro, num paiz tão ciosamente grando e tranquilo nacional.

Escudando-se na alliança da Egreja catholica com a ditadura italiana, um desses companheiros escreveu recentemente: «Dando á Igreja privilegios e dinheiro, Mussolini teria obtido do Papa o compromisso de transformar o seu immenso Exercito de padres numa especie de milicia fascista para uso externo».

Procuramos reagir. Não é possivel que estejamos de «braços cruzados, numa postura mussulmana», o contemplando impassiveis o patrimonio precioso de liberdades publicas legado pelos nossos antepassados á custa de ingentes sacrificios.

A todos os amantes da liberdade de consciencia, a todos os inimigos de fechados das trevas, do privilegio e da intolerancia, nos dirigimos e nosso apelo a o sostre — usamo-nos!

A mulher brasileira, ligada pelo seu heroísmo e abnegação a todos os acontecimentos decisivos da nossa historia, ê está, a companheira e a mãi dos rapazes que combaterão o escravo de Roma contra a

O momento não comporta discussões academicas. O perigo é iminente. A nossa acção deve ser rapida e urgente.

A indiferença, neste momento, é um crime.

Unamo-nos para impedir que o Brasil seja dominado pelo fascismo e a sua aliada, a Igreja de Roma, que assassinou e perseguiu homens como Matteotti, Amendola, Turati, Mulenich e tantos outros pensadores ligeiros que dedicaram a sua vida á obra de emancipação humana.

Contra esse socialismo de fachada...

antonio e liberticida, que nos seus almejos, num estado avançado de civilisação, á que em troca de algumas migalhas jogadas ao trabalhador pretende tolher-lhe o direito, que lhe é a unica arma de combate da sociedade presente, o direito de greve. Contra esse socialismo de fachada, que nos seus manifestos distribuidores da justiça hierarchisada nos quinhoes aviltadores do trabalhador, com os autores do manifesto a sua acção e a sua acção a todos os homens livres para que, numa fascia resistencia, tenhamos tempo e os precisos recursos da linguistica do se já mo sor.

Aquelle que mata a liberdade e devora o corpo dos que a defendem.

Como pensam os fascistas
A sua sêde de dominio

Lisbôa, 24 (H) — Na conferencia que fez nesta capital, Marinetti, o criador do futurismo, teve esta frase: «Ser italiano equivale a dominar todas as raças».

De vez em quando a boca fôge-lhes para a verdade. Sim, o que moveu e o que a cambada fascista para o assalto ao poder e a sua conservação indefinida é o desejo de mundo unico, pessoal, exclusivo, é a sêde devoradora de dominio indiscutido e indisputado, o monopolio do poder agora na Italia e mais tarde em todo o mundo.

E francamente, sem modestia, nos momentos de sinceridade ou de descuido, a boca revela-lhes o pensamento.

Mas quem sabe se as uvas não estarão verdes para tanto dentes? Os governantes recebem, esses fogueões com todas as honras e cortesias e elles a hora das despedidas, depois das libações e banquetes regados de champagne, como agradecimento á hospedagem, dão uma roda

rodeiam como aquelle representante de Mussolini fez na estação do Norte, aqui em S. Paulo, no tempo em que era interventor o snr. João Alberto.

Essa gente devia ser recebida á batata, a nabos, á ovos podres, á assobios, como aqui fizeram ao Marinetti quando realizou a sua conferencia futurista em S. Paulo.

Dar a essa trupilha demente e violenta honras de grandes homens é motivo para ser-se tomado como gente inferior, propria das que se dominam, exploradas, espezinhada. Quem se rebaixa, amesquinha-se, inferioriza-se, degrada-se, servilisa-se.

Bem razão tinha o filósofo em dizer ao povo que vivia sempre abaixado, curvado, que aplaudir os seus tyranos: «Que o povo se levante, que tome a sua posição vertical, que olhe seus tyranos bem de frente e ver-se-á então de que a poveza e raças para ser do

A MAIOR MENDICANCIA DA HISTORIA

Quando o ex-interventor em S. Paulo, snr. Manoel Rabelo, ordenou que não se prendessem, sob o pretexto que maltratassem as pessoas encontradas nas ruas publicas a mendigar, porquanto pedir não constitúia crime e era melhor que roubar, a imprensa paulista, refletindo o pensamento da burguezia endinheirada e pançuda, levantou um clamor de indignação admirativa, não tanto pelo facto em si, mas especialmente pela série de considerações com que justificou tal medida, e que feria em cheio a basófia hipócrita dos que pretendem esconder as chagas que corroem as sociedades e apartam de ricos e sumptuosos, ocultando nos asilos e detendo nas cadeias os miseros que não teem que comer, nem que vestir, nem onde morar.

Disseram que assim instituíam a mendicancia em instituição nacional, dando-lhe os foros de legitimidade; chamaram-lhe o sistematizador da pedinchice, e, quando elle em Mato Grosso dirigia as operações contra os conspiradores paulistas, apelidaram-no de «rei dos mendigos».

Mas a essa hora já o tiro os tinha ferido pela culatra, já havia razão para lhes aplicar o riffão da cantiga, o celebre «macaco, olha para teu rabo, deixa o rabo do vizinho».

Effetivamente, desencadeado o terrivel ciclone de fogo e metralha, o pavoroso diluvio de mentiras, injurias, calunias e invencionices, começou o periodo agudo, interminavel e incessante da mendicancia official e particular: pediram tudo que é licito ou illicito pedir.

Pediram homens para derramar o sangue de irmãos e o proprio. Depois pediram cigarros, fosforos, ovos, aves e galinheiros para os guardar; pediram sabonetes, agazalhos, vestuarios, roupas de cama, penços, remedios, drogas, pediram motocicletas, automoveis, caminhões e biciclettas; pediram dinheiro, ouro, prata, jóias, pedras preciosas, alianças, platina, estanho, ferro novo ou velho; pediram chocolate para (adoçar) banha; pediram pão, fubá, sanduiches; pediram armas, balas, munições e instrumentos de precisão; generos alimenticios, encerados; pediram livros, autografos, colleções de jornais; pediram velhas e moços, adultos e menores, pediram por portas, pelas praças e pelas ruas, pelo radio, pelo telegrafo, pelo correio, pelos jornais. Pediram todos e pe-

sitavam, tudo lhes fazia ranjo! Pediram e pedem aos soldados e para as suas familias, pediram e pediram para as viuvas e para os filhos, pediram e pediram para os mutilados e para os inutilizados. Pediram ás condessas e ás aristocratas; pediram as burocratas e ás burguezas; pediram ás nobres e ás plebeias, ás pobres e ás ricas, aos padres, aos bispos, aos sacristas, ás profanas e ás religiosas; pediram ao gaz e ás freiras! Pediram egrejas e nos cinemas.

Caramba, tanto pediram!

A mendicancia nos tempos da guerra attingiu proporções fantasticas, chegou ás raias do deliro e do incredito, S. Paulo transformou-se num paiz de peditorio permanente, de pedinchice impertinente. E, quem não désse, logo ouvia: Ó da guarda, pra esta cuambra de mendigos.

De forma que pedir tostão para o jogar é um crime, para a cadeia, é um desaforo para o paiz, é uma vergonha para aquelles que pretendem affirmar que não ha pobres no Brasil.

Quando, porém, é aquele de coturno alto quem pede para obra de morte, então tudo é uma acção muito honrosa e louvavel.

Como ao sr. Manoel Rabelo está vingado! Não é elle o rei dos mendigos. Os reis e as rainhas estão em S. Paulo. Elle nada pediu.

Os tres amigos

Um homem tinha tres amigos: o seu dinheiro, a mulher e as suas boas acções. Chegada a hora da morte, mandou chamar os tres para se despedir deles.

Ao primeiro que se assentou disse: — «Estou a morrer, meu amigo, adeus!» O dinheiro respondeu-lhe: — «Adeus; logo que você mandarei accender um círio pelo descanso da tua alma».

Chegou a mulher, elle diz-se e prometeu acompanhá-lo até ao tumulo.

Por ultimo chegou o terceiro, os boas acções.

— Morro! disse-lhe o velho amigo, — Adeus, não, — respondeu-lhe o amigo. — Eu nunca separarei de ti; se vives viverei, se morreres, morrerei te-lo.

O homem morreu. O dinheiro deu-lhe uma vela, a mulher acompanhou-o á sepultura, e as suas boas acções acompanharam-o na morte eterna.

Leão Tol

representando 18 sindicatos, e o Sindicato dos Contadores de São Paulo, representado por Américo Paulo Sesti, seu presidente. Nosso trabalho consistia em mostrar que a luta antifascista era (como ainda é) uma tarefa específica da classe operária, cuja presença na orientação e na execução dessa luta era a única garantia de êxito final. Nesse ambiente quase febril de atividades, estimuladas por uma evidente ascensão da consciência de classe do proletariado, chega a notícia de que os integralistas pretendiam fazer uma demonstração pública de força com um desfile marcial pelas ruas centrais de São Paulo. A Frente Única reage imediatamente e resolve realizar uma manifestação pública nesse mesmo dia.

A vontade de contramanifestar crescera muito desde que se divulgaram atos de violência dos integralistas em várias partes do país, dentre os quais a agressão a bengaladas praticada pelo líder camisa-verde Gustavo Barroso (o escritor) contra a operária Nair Coelho, em Niterói.

A FUA imprime e lança um manifesto de convocação, que é transcrito na íntegra no nº 20 de *O Homem Livre*, no seguinte teor:

> "Manifesto das Organizações Coligadas em Frente Única Antifascista. Ao Proletariado e ao Povo em geral. Os integralistas haviam resolvido fazer uma demonstração pública de força para o dia 15 do corrente. A tal notícia, as organizações antifascistas de São Paulo reuniram-se para organizar uma contramanifestação. Bastou esta iniciativa para que os integralistas renunciassem a sua manifestação. Ora, as organizações antifascistas abaixo-assinadas mantêm a sua decisão, levando a efeito uma grande manifestação publica CONTRA O FASCISMO. A manifestação se realizará sexta-feira, 15 de dezembro, às 20 horas, no Largo de São Paulo, 18 (Lega Lombarda). As organizações abaixo-assinadas enviarão a esta manifestação os seus oradores, que vão falar sobre a luta contra o fascismo. Nesse comício far-se-á um protesto contra as prisões arbitrárias de

---

Página 45: Edgard Leuenroth em caricatura feita por Falcão, companheiro do Presídio do Paraíso.

militantes proletários." Assinam: O Comitê Antiguerreiro de São Paulo, União Sindical dos Profissionais do Volante, União dos Operários em Fábricas de Tecidos, Federação Sindical Regional de São Paulo, Partido Comunista (S.B. da I.C.), Partido Socialista Brasileiro, Grupo Socialista Giacomo Matteotti, Comitê Estudantil Antiguerreiro, Federação das Juventudes Comunistas, *Vanguarda Estudantil*, Grêmio Universitário Socialista, União Operária e Camponesa, *O Homem Livre*, Liga Comunista Internacionalista (bolcheviques-leninistas), Brascor, Socorro Vermelho Internacional, Coligação Confederacionista e União dos Trabalhadores Gráficos. Além das organizações signatárias, outras que não tiveram tempo para seguir o exemplo daquelas deram apoio à manifestação. Entre elas, a Federação Operária de São Paulo e o jornal *La Difesa*.

A simples divulgação desse manifesto faz a Ação Integralista recuar: a projetada "marcha" é cancelada. Os integralistas transformam a "festa" projetada numa reunião, cheia de rancores, de alguns dirigentes, em sua própria sede. O fato auspicioso para a FUA é a presença, entre os signatários, do Partido Comunista, que manifesta um pouco mais de decisão no alinhamento com as demais organizações no terreno da luta prática.

A manifestação constitui-se num grande êxito, com mais de dois mil participantes, que tiveram de vencer uma verdadeira muralha de soldados da Força Pública e da Guarda Civil que lotaram completamente o Largo de São Paulo. Aberta às 21h30, o presidente aconselhou disciplina e calma para evitar provocações. Falaram, a seguir, oradores de todas as organizações signatárias do manifesto e foram aprovadas várias resoluções: convocação de um comício da FUA para o dia 25 de janeiro, remessa de telegramas de solidariedade às organizações de Frente Única de outros estados[21], remessa de telegrama à Assembleia Constituinte exigindo a libertação de militantes operários presos nas ilhas e masmorras, telegrama à Embaixada da Alemanha protestando contra a ameaça de condenação de Torgler, Diraitrov, Popof, Tanev e contra o processo do incêndio do Reichstag; articulação da FUA de São Paulo com as demais de outros estados, visando à formação de uma Frente Única Antifascista Nacional e, finalmente, a UTG fez um apelo para que o proletariado de São Paulo também organizasse a sua Frente Única sindical.

APERFEIÇOANDO OS INSTRUMENTOS DE LUTA

Entre o dia 15 de dezembro de 1933 e 25 de janeiro de 1934, próxima manifestação pública da FUA, a organização vai aperfeiçoando sua estrutura e seus instrumentos de luta, a saber, a Coligação dos Sindicatos de trabalhadores numa entidade capaz de congregar a massa sindical em torno de um programa de reivindicações da classe e de antifascismo e a formação de Grupos de Defesa, conforme apelo que a FUA fizera a 21 de outubro de 1933 em editorial publicado em *O Homem Livre*.

Assim, na edição de 3 de janeiro de 1934, o órgão oficial da FUA publica um manifesto da Federação dos Grupos de Defesa da FUA, em que, referindo-se a vários atos de violência praticados pelos fascistas brasileiros contra antifascistas – por exemplo, o atentado contra Francisco Frola em Campinas –, adverte: "desde que um qualquer militante antifascista seja golpeado por fascistas, a reação pronta e eficaz exercer-se-á sobre a pessoa dos chefes fascistas. Se a agressão for de fascista italiano contra italiano serão o secretario do Fascio e seus conselheiros a sofrerem as consequências. O mesmo acontecerá se as vítimas forem alemãs e brasileiras: serão seus respectivos graduados representantes que sofrerão o revide." E termina declarando: "Olho por olho, dente por dente. É a lei do selvagem, que os fascistas de todos os países na sua brutalidade ressuscitaram e tornaram necessária." A terminologia desse manifesto denuncia seu autor: o coronel João Cabanas.

A forma de "federação" dada à entidade que se tentava criar era uma decorrência da desconfiança ainda existente entre as diversas correntes de que formavam a FUA, pois se tratava de uma ação perigosa, e as relações de solidariedade das diversas organizações não eram nada incondicionais. A fórmula permitia que cada uma delas tivesse liberdade de constituir seus corpos de defesa de acordo com as suas convicções e seus cuidados. Por isso, é falso afirmar que o "tenente" Cabanas tenha se unido ao também "tenente" Euclydes Krebs para dirigir no dia 7 de outubro a luta de rua contra os integralistas. Krebs, um valoroso soldado da Coluna Prestes, na qual desempenhara o perigoso papel de ponta de lança (potreador), estava ligado ao PCB e seguia sua orientação, geralmente oposta à da FUA, da qual, ao contrário, Cabanas era um de seus eficientes militantes. Ambos lutaram na Praça da Sé contra os integralistas separadamente.

BRUTALIDADE POLICIAL CAUSA CRISE NA FUA

Conforme decisão de 15 de dezembro de 1933, a FUA convocou um grande comício para o dia 25 de janeiro, data da fundação da cidade de São Paulo, para homenagear trabalhadores de todos os países e estados que "construíram com seu trabalho árduo a grande metrópole". O local escolhido foi o Largo da Concórdia.

Sem qualquer proibição prévia por parte da polícia, as pessoas que se dirigiram ao local estranharam encontrá-lo inteiramente ocupado pela cavalaria da Força Pública. Os milicianos, ao constatar que o número de participantes aumentava, começaram a carregar contra a multidão. Apesar da violência dos policiais e das provocações dos cavalarianos, a massa não abandonou o local da reunião.

Em vista disso, alguns dirigentes do PSB, o coronel Cabanas, o secretário Carmelo S. Crispim e Belfort de Mattos dirigiram-se à sede da Região Militar a fim de pedir garantias para a realização do comício. Eles ainda não haviam regressado quando um membro do PC tentou abrir o comício, no que foi impedido.

Voltando ao Largo, Carmelo S. Crispim e João Cabanas preferiram postar-se um pouco além, na praça fronteira à Estação do

---

Página 49: *O Homem Livre*, dezembro de 1933.

Que nenhum antifascista falte ao comicio do dia 15!

O HOMEM LIVRE

S. Paulo, 14 de Dezembro de 1933

Redactor chefe:
GERALDO FERRAZ

ASSIGNATURAS
Ano .... 20$000
Semestre ...... 10$000
Numero avulso $200

RUA DO CARMO, 11
1.º andar

NUM. 29   ANO I

O movimento antifascista entre nós encontra-se numa fase ascendente. As recentes ameaças fascistas de assalto ás organizações operarias, por um lado e os acontecimentos verificados em várias cidades do Brasil, especialmente os de S. Paulo, em 14 de novembro, e os de Niteroi e Baía, tiveram como resultado um reforçamento auspicioso da vontade de luta das massas.

Já na preparação ideológica destas — a que "O Homem Livre" contribuiu, o que é de justiça affirmar, com o maior quinhão — e a caracterisação precisa que se faz do fenomeno fascista, tiraram ao partido das azeitonas grande parte das possibilidades de enganar as classes oprimidas da população com a sua demagogia de desesperados.

Aliando-se inicialmente á Igreja e á Policia, os fascistas desmascararam-se da forma mais clara. Passando ás manifestações ruidosas, levadas a effeito com o apoio incondicional das varias policias estadoaes, mostraram logo a finalidade que visam: o aniquilamento brutal de todos os adversarios politicos, a destruição de todas as organizações proletarias, o assassinato de todos os elementos mais em evidencia no movimento de emancipação das massas, afim de intensificar e garantir a exploração dos trabalhadores e o capitalismo nacional e internacional.

A mascara cahiu-lhes antes que pudessem engodar as largas camadas da população brasileira.

As organizações proletarias de todas as tendencias, reunidas em frente unica irão dizer, no proximo dia 15, no Salão da Lega Lombarda a sua palavra acerca dessa podre demagogia e do perigo que ainda continua

OS NAZISTAS DE SÃO PAULO ENSAIAM ATOS DE VIOLENCIA

Os nazistas filiados á secção paulistana do "National-Socialistische Arbeiter Partei" cumprindo ordens evidentemente superiores, em ahusiva, sem cerimonias, as protecção que a policia dispensa aos fascistas das varias cores, levaram a effeito um ato de violencia em plena rua.

Por ocasião do reapparecimento do periodico "Freie Presse", a direção mandou colocar na Praça do Correio um cartaz anunciando a vida do jornal. A's cinco horas da tarde, 4 fascistas alemães acordaram-se do cartaz e o destruiram, á vistas do publico, afastando-se mediatamente do local.

Em af como os fascistas alemães consideram as leis e liberdades do paiz que serve de residencia...

Manifesto das organizações coligadas em frente única antifascista

"Ao Proletariado e ao Povo em geral"

Os integralistas haviam resolvido fazer uma demonstração pública de força para o dia 15 do corrente.

A tal noticia, as organizações anti-fascistas de São Paulo reuniram-se para organizar uma contra-demonstração. Bastou esta iniciativa para que os integralistas renunciassem á sua manifestação.

Ora, as organizações anti-fascistas abaixo assinadas mantêm a sua decisão, levando a efeito uma grande manifestação pública.

Contra o fascismo

A manifestação se realizará sexta-feira, 15 de dezembro, ás 20 horas, no Largo de São Paulo, 18 (Lega Lombarda).

As organizações abaixo assinadas enviarão á essa manifestação os seus oradores, que vão falar sôbre a luta contra o fascismo.

Nesse comicio far-se-á um protesto contra as prisões arbitrarias de militantes proletarios.

Comité Anti-Guerreiro de São Paulo
União Sindical dos Profissionais do Volante
União dos Operarios em Fábricas de Tecidos
Federação Sindical Regional de São Paulo
Partido Comunista (S. B. da I. C.)
Partido Socialista Brasileiro
Grupo Socialista "Giacomo Matteotti"
Comité Estudantil Anti-Guerreiro
Federação das Juventudes Comunistas
"Vanguarda Estudantil"
Gremio Universitário Socialista
União Operaria e Camponesa
"O Homem Livre"
Liga Comunista Internacionalista (Bolcheviques-Leninistas)
Brascor
Socorro Vermelho Internacional
Coligação Confederacionista
União dos Trabalhadores Gráficos.

Um teórico infeliz do fascismo creoulo

Sôbre as ruinas da economia medieval, a burguesia erguea o seu domínio de classe. Fê-lo legitimamente em nome de todo o Povo, até á admissível nos fins do século XVIII, integrada na concepção ampla do Terceiro Estado, mas que hoje já perdeu o seu sentido. Fê-lo rompendo estrutural e politicamente com o passado, através de abalos catastroficos que acheram de clamor e de sangue a historia das varias revoluções, de que a Revolução Francesa é ainda o typo mais perfeito e acabado. Os germes do capitalismo rebentaram e lançaram os seus primeiros contornos no meio da velha sociedade. E como o pulo dado por esta á outra destruiram a casa, destruiram a força do proprio crescimento os obstáculos objectivos que se opunham dialeticamente ao seu desenvolvimento. Taine, sempre muito limitado, viu na ascenção da burguesia revolucionaria apenas o efeito de uma conspiração de francs, ór um idealismo tolo e absurdo. Bem mais ponderado foi Barnave. Barnave, não uma grande signification historica. Apesar de ter sido participante de "mêlée", na qualidade de deputado pelo Delfinado, tratando-se nos meios como um dos oradores mais eloquentes e vivos dos primeiros tempos da Constituinte. Barnave alcançou e receu de perspectiva necessario para a composição de um estallo em que as causas economicas, e portanto sociais, da Revolução adquirem o relêvo e a importancia decisiva que só muito mais tarde seriam admittidos na grande geração critica do seculo XIX. O constituinte Barnave foi o precursor de Karl Marx na formulação da teoria do materialismo historico.

"Desde que as artes e o comercio — diz Barnave — conseguem penetrar no pôvo e criam un novo meio de riqueza pelo auxilio da classe laboriosa; preparase uma revolução nas leis politicas; uma nova distribuição da riqueza produz uma nova distribuição do poder. Assim como a possessão das terras levantou a aristocracia, a propriedade industrial levanta o poder do pôvo; este adquire a liberdade, multiplica-se, começa a influir sobre os negocios". (Citado por Jaurés, "Histoire socialiste de la Révolution française", t. I, p. 123).

Tem-se a impressão de, no trecho citado, a primeira redação de certos periodos classicos e tapidarios do famoso prefacio da "Critica da economia política". Uma circunstancia que talvez esclareça a attitude prodigiosa: Barnave era representante da zona mais industrial da França de 89. No Delfinado, realmente, já se nucleava um proletariado embrio-

nario, um semi-proletariado. Uma diferenciação de interesses obviava a estrutura do Terceiro Estado. Mas isto, em todo o caso, apenas uma importancia local e secundária para aquelle tempo. Os operarios, mal differenciados em classe já perceberam ainda, não tinham a força indispensavel para a direção da sociedade. Barnave não poderia falar senão no "pôvo", concepção unitaria na maioria do caso. Mas faziam os "sans-culottes", como é sabido, que levaram a Revolução ao máximo de suas possibilidades, realizando a faxina historica que tornou possivel o desenvolvimento capitalista. A "Declaração dos Direitos do Homem" não é, como geralmente se affirma. Foi a sedula, a condensação doutrinaria do desejos das camadas populares. Os "bravos paysans" estavam tambem á base das generalisações desse documento inelutavelmente mentre e também o seu Direito que assegurasse a revolução agraria, que se processou fora dos textos.

¡Com a concorrencia, a produção á troca de mercadorias, a expansão do comercio, a descoberta de novos continentes e do vapor, o desenvolvimento accelerado da tecnica e da maquinaria tornou mais e mais aperfeiçoado dos meios de comunicação, cria-se ponto a pouco o mercado mundial.

(Continúa na 2.ª pag.)

---

a pesar sôbre os destinos das massas trabalhadoras.

Além das organizações signatarias do manifesto, outras muitas que não tiveram tempo para seguir o exemplo daquelas, darão o seu apoio ao comicio. Nessas condições, além a Federação Operaria de São Paulo, "La Difesa", etc., que concitaram os seus aderentes a comparecer em bloco á grande manifestação.

Os asseclas de Plinio Salgado depois de anunciarem para o dia 15 uma passeata pela cidade, com uma respectiva expedição punitiva ás organizações proletarias, recuaram assustados ássim que souberam dos primeiros passos para a reorganização da frente unica anti-fascista. Precisamos aproveitar a lição deste recúo. O comício do dia 15 toma por isto uma significação ainda maior: É o primeiro passo para expulsar os bandidos da rua, uma contra-manifestação consciente dos trabalhadores antifascistas.

A politica de frente unica é pois o caminho que ha de levar-nos directamente á vitoria e ao esmagamento implacavel da hidra integralista.

Cada organização com sua bandeira, cada grupo com seu programa, mas continuemos juntos na ação, e o fascismo não medrará no sólo de São Paulo e do Brasil.

Nenhum antifascista deve faltar ao comicio. É preciso mostrar ao bando integralista que as massas estão vigilantes na defeza de seus interesses. É preciso mostrar ao proletariado de todos os paizes que o proletariado brasileiro está ao seu lado na luta contra a reação internacional organizada!

Antifascistas, avante!

A operaria Nair Coelho, que foi ferida pelo sr. Gustavo Barroso, discursando contra o integralismo por ocasião do desfile dos azeitonas em Niterói.

Norte. Ali se dirigiram ao povo explicando que "o comício que o Partido Socialista convocara, para comemorar proletariamente a fundação de São Paulo, não podia ser realizado em virtude da proibição da polícia e que, por isso, convidava o povo a retirar-se" (*O Homem Livre*, n. 22, de 24 de fevereiro de 1934). O PC, também, em manifesto no qual comunicava a sua decisão de abandonar a FUA, declarou que o comício fora convocado por ele. *O Homem Livre* qualifica essas duas afirmações falsas como gabolices. Com efeito, a convocação desse comício fora feita pela FUA, conforme se pode verificar em toda a documentação da época e da leitura das decisões do comício de 15 de dezembro, realizado na Lega Lombarda. A seguir, Crispim, Cabanas e Mário Pedrosa pronunciaram breves discursos, interrompidos pelas cargas dos cavalarianos. Quando se tentava formar uma passeata, um militante do PC desfraldou uma bandeira vermelha, o que deu oportunidade aos soldados para dissolver de vez, com toda brutalidade possível, a manifestação. Um folheto distribuído pelo PC e pelo Comitê Antiguerreiro, depois dos acontecimentos, alegava que seus militantes haviam permanecido heroicamente sozinhos no Largo enfrentando a polícia por mais de duas horas, enquanto os membros das outras organizações fugiam. "Ninguém viu isso – diz *O Homem Livre* – e só a má-fé dos redatores stalinistas pode lançar mão de argumentos inventados com o maior descaro possível."

No dia seguinte, à noite, quando o coronel João Cabanas descia de um automóvel e procurava entrar na sede da União dos Trabalhadores Gráficos para assistir a uma conferência de Francesco Frola, o inspetor Cipriano Fraga, que estava postado próximo ao local, disparou vários tiros contra o recém-chegado, acompanhando o gesto com palavrões. Cabanas refugiou-se rapidamente na UTG e fechou a porta. Pouco depois, partiu um tiro de algum lugar, o que deu pretexto a um policial para invadir a sede do sindicato e telefonar pedindo reforços.

Os policiais chegaram logo depois de alguns minutos e, agindo com a máxima brutalidade, prenderam todos os que estavam presentes na sala das conferências, inclusive a mulher e a cunhada de Francesco Frola. Entre os presos, Aristides Lobo, Luciano Raguna, Emílio Dupont, Luiz Videiros (secretário-geral da UTG), José Campos (tesoureiro da mesma), Antônio Mared, Manuel Antunes, Aurélio Leme, Júlio Bernardi, João Zanetti e João Batista Laresi. Sobre esse episódio, leia-se o depoimento de Mário Pedrosa, testemunha ocular, em relato feito no dia 27 de janeiro e publicado no dia 30 no *Diário da Noite*. Como membro da direção da FUA, eu me encontrava no local e também presenciei o atentado, que revelou os laços existentes entre a polícia paulista, o integralismo e os representantes do Fascio em São Paulo, inimigos de morte de Francesco Frola. Com base nos acontecimentos, o PCB aproveitou a oportunidade para retirar-se da FUA. No manifesto que fez circular, assinado em conjunto com o Comitê Antiguerreiro, o PCB cumpria as imposições do stalinismo internacional, estrangulado na contradição entre a política do "terceiro período", que considerava possível e até inevitável a vitória de revoluções em todo o mundo, e a "necessidade de encontrar governos burgueses amigos da paz" para defender a URSS contra ameaças nazifascistas. Essa "necessidade" fez com que os compromissos com as classes trabalhadoras fossem esquecidos em benefício de alianças com "burguesias nacionais progressistas".

Estava, assim, deflagrada a primeira crise na FUA, o que, aliás, nos primeiros meses de 1934 não prejudicou suas atividades, pois a partir desses fatos começou a verificar-se um firme comportamento de recusa, por parte da base do PCB, em aceitar o abandono das atividades frentistas ditado pelos seus dirigentes. Os militantes continuavam a colaborar com a FUA nos sindicatos, nos grupos de defesa, nas manifestações políticas, embora renunciando ao uso explícito de sua caracterização partidária. Por outro lado, a ausência de punição por parte da direção regional do partido contra os que mantinham aquele comportamento começava a revelar a existência de um possível fracionamento, pelo menos no plano tático, entre a direção regional (Sacchetta) e a nacional (em São Paulo representada, na época, por Eneida), embora mais formalmente do que por convicção, a linguagem dos diálogos continuasse áspera entre a FUA e o PCB. Foi a disposição à luta e a confiança na unidade da classe operária que permitiram à FUA alcançar novo êxito no grande comício que realizou a 19 de maio.

O HOMEM LIVRE SUSPENDE A SUA PUBLICAÇÃO

Pressionado pelas dificuldades financeiras – que são uma constante no Brasil na história das publicações de caráter cultural, artístico e político – e com seus principais redatores assoberbados pela acumulação de tarefas ou presos, e ainda boicotado pelos que o tinham como um estorvo à sua política, O Homem Livre teve de suspender a sua publicação. Seu último número, o 229, além de trazer minucioso relato dos acontecimentos de 25 e 26 de janeiro, publica artigos de grande oportunidade: "Perspectivas internacionais da luta contra o fascismo", de autoria de Miguel Macedo, e um balanço do comportamento do PCB com relação à FUA redigido por Mário Pedrosa, em que se examinam os ziguezagues, as tergiversações e as contradições do Partidão e seus nefastos efeitos em relação à luta antifascista, sob o título de "Coerência na deserção".

Os cronistas e historiadores que passaram por alto os acontecimentos de 1934, por não lhes haver compreendido a real importância, estão agora em condições de não mais ocultar a análise da atitude "dos que passivamente acreditam em verdades reveladas, em dogmas erigidos à custa de falsificação e mentira", como afirma Pedrosa ao finalizar o artigo. Neste mesmo número noticia-se o assassinato de Augusto Cesar Sandino, o líder revolucionário nicaraguense em cujo nome o povo da Nicarágua, sua pátria, realizou mais tarde uma das maiores revoluções da história da América Latina.

O GRANDE COMÍCIO DE 19 DE MAIO DE 1934

Em março de 1934, as ameaças integralistas ao movimento operário e as manobras do getulismo para atrelar os sindicatos à máquina do Estado provocaram nas organizações agrupadas em torno da FUA e da Coligação dos Sindicatos Operários (que passava por um processo de crescimento pela adesão de organismos associativos de várias categorias) a vontade de manifestar de modo enérgico o seu repúdio à situação. A ausência do PCB, que em outras oportunidades poderia ter sido muito desfavorável, não nos impressionou, promotores do evento, pois a opinião da maioria mais significativa da massa trabalhadora estava conquistada pela ideia e prática do frentismo.

Não escapava à nossa percepção a perda de influência dos comunistas sobre os sindicatos, nessa fase que foi adversa à política da cúpula do PCB e aos anarquistas e de afirmação e ascensão da estratégia de frente única defendida por nós.

Aprovada pela maioria absoluta das entidades representadas na Coligação dos Sindicatos Operários, em reunião realizada na UTG, o Comitê Organizador, eleito na ocasião, solicitou licença à polícia para a realização do ato em praça pública. Como de costume, o pedido foi negado. Voltamos dez vezes, exatamente dez vezes, a solicitar a concessão da licença e outras tantas nos foi negada a permissão, alegando os policiais os motivos mais absurdos e infantis.

Cansado de tantas tergiversações e negaças, o Comitê Organizador do comício dirigiu carta aberta, publicada no *Diário da Noite,* ao governador do Estado, Armando de Salles Oliveira, condenando a atitude da sua polícia. O governador encontrava-se, na ocasião, situado em meio a um delicado jogo de interesses políticos, com vistas à possibilidade de ser escolhido para candidato à presidência da República. Não lhe convinha mostrar-se muito radical contra os trabalhadores, cujos votos deveria disputar aos getulistas. Determinou que se permitisse a comemoração, mas em recinto fechado ou limitado. O local indicado foi o pátio do Palácio das Indústrias, no Parque D. Pedro II[22].

Perante mais de três mil pessoas, a maior multidão que se reunia em um 1º de Maio há muitos anos, o operário trotskista Antunes, ferroviário da Central do Brasil, abriu os trabalhos com um discurso que ficou na memória de quantos o ouviram, pela sua eloquência e clareza de exposição. Ele reafirmou o princípio que norteava a política de Frente Única Antifascista, segundo o qual o afastamento definitivo do perigo fascista, em qualquer país, só poderia ser alcançado sob a direção do proletariado como classe, independentemente da caracterização partidária de seus componentes. O interesse na defesa das conquistas até então obtidas pelos trabalhadores era de todos, uma vez que o papel do fascismo – o integralismo no plano nacional – era o de aniquilar essas conquistas para amenizar, a custa do sacrifício e da exploração das massas, a crise mortal em que se encontrava o capitalismo. A renúncia à defesa dos interesses do proletariado, para favorecer a aliança com a burguesia nacional em troca de um alinhamento desta na luta contra o imperialismo, tal como era defendida pelo PCB e seu apêndice, o Comitê Antiguerreiro, era nada mais que uma traição aos interesses do proletariado.

Falaram a seguir delegados dos Sindicatos dos Profissionais do Volante, dos Tecelões, dos Barbeiros e Cabeleireiros, dos Empregados em Hotéis, de grupos independentes do Sindicato dos Ferroviários, do Partido Socialista Brasileiro, do Sindicato dos Empregados no Comércio, da Liga Comunista Internacionalista[23], da União dos Trabalhadores Gráficos e do Sindicato dos Bancários.

A tônica predominante foi a da luta contra o fascismo e a exploração capitalista, mas vários oradores condenaram com veemência a manobra urdida pelo deputado classista[24] Armando Laydner, que representava os ferroviários na Assembleia Constituinte, para esvaziar o comício. Com efeito, esse deputado, que foi depois um dos primeiros soldados do grande exército de pelegos formado pelo getulismo nas entidades da classe operária, conseguiu levar para a fazenda de um grande burguês milhares de empregados das companhias de estradas de ferro, para uma festa comemorativa baseada em passeios em vagões de 2ª classe, sanduíches de mortadela e disputa da vitória em "corridas de saco". Esse foi também o primeiro ato da burguesia tendente a retirar todo espírito de luta que a tradição do 1º de Maio criara desde o sacrifício dos operários de Chicago.

Página 55: No pé da capa do jornal *O Homem Livre*, um anúncio do modernista Flávio de Carvalho. Ele foi um dos anunciantes mais frequentes do jornal. Arquiteto, artista plástico, cenógrafo, escritor, músico e tantas outras coisas, Flávio de Carvalho teve seu Teatro da Experiência fechado pela polícia em 1933 por atentado aos bons costumes. E sua primeira exposição individual foi fechada em julho de 1934 por atentado ao pudor e imoralidade.

O HOMEM LIVRE

Rua S. Bento, 35 - 2.º andar — Telefone 2-3780

Diretor-gerente: José Pérè

S. Paulo, 3 de Junho de 1933

ealidades brasileiras" "A França, paiz negro" A internacional nacionalist

(Qual seria a opinião de Hitler sobre o Brasil ?)

"O "negrecimento" (da França) faz progressos tão rapidos que se pode effectivamente falar da constituição de um Estado africano sobre o solo europeu.

Se o desenvolvimento da França continuar durante trezentos anos do mesmo modo que hoje, os ultimos vestigios de sangue franco desapparecerão no Estado mulato europeu-africano em vias de se crear. Seria uma vasta zona de povoação, fechada, estendendo-se do Reno até o Congo, ocupada por uma raça inferior, que se creará lentamente em consequencia de um abastardamento prolongado".

(Extraído de "Mein Kampf", livro de autoria de Adolf Hitler, publicado em Munich, em 1932).

NO III REICH

"Empresas judaicas interditas" — Do Notenkraker, Amsterdam

COMO O "DUCE" INTEGRALISTA VIU A ITALIA FASCISTA

O fascismo italiano teve suficiente mente — como era de desejo do seu "chefe" exhibicionista — as honras do papel impresso, e bastante para por em destaque na galeria historica das coisas feias, á semelhança dos outros movimentos tipicamente fascistas, não só em quaes desponde em linha réta a mafia e a camorra.

Sobre o fascismo escreveu-se, talvez, tanto quanto sobre a personalidade de Jesus Cristo e sobre a revolução paulista.

Referimo-nos, é claro, á Italia, onde se fala e se éscreve das glorias e conquistas do futuro Imperio de Roma e da natureza divina do "ê" imortal que descendera, segundo o estudo do barbeiro Doletti biografo oficial do "fuhrer" latino, de Enéas, como o seu parente e colega Cesar Augusto.

Plinio Salgado (da Academia Paulista de Letras) — Como em uma Sociedade Editora Latina,

São Paulo, colonia do imperio facist

"700.000 ITALIANOS SE ENCONTRAM EM NOVA YORK, 400.000 NO ESTADO DE S. PAULO, ONDE A LINGUA DE ESTADO TERÁ DE SER A ITALIANA, E 120.000 NA TUNISIA ONDE, MUITO PROVAVELMENTE, OS COLONOS SICILIANOS TRABALHARÃO AMANHÃ SOB A REGENCIA ITALIANA".

(Benito Mussolini — Discurso Politico)
(Edição do "Popolo d'Italia", Milão, 1921 — Discurso de 20 de setembro de 1920, em Trieste).

O encantamento de um interventor brasileiro

Carlos de Lima Cavalcanti, fundador de um partido social-democrata, ardente sympathizante do fascismo...

BERLIM, 27 (A. B.) — O sr. Guerra Durval, ministro plenipotenciario do Brasil, junto ao governo alemão, fez hoje uma autografa de Carlos de Lima Cavalcanti, interventor federal em Pernambuco, ao chanceler Hitler, carta essa que está sendo publicada na imprensa brasileira.

"A' sua excelencia, o chanceler Hitler, signal de admiração e simpatia e em agradecimento da entrevista que concedeu ao "Diario da Manhã".

Essa ultima viaria de que dispomos da imprensa brasileira são...

O mesmo sr. Lima Cavalcanti foi o fundador de um partido social-democrata, no Norte, acaba de se...

II- "QUATRO HORAS DE DITADURA DO PROLETARIADO"

"A data de 7 de outubro (de 1934) não pode ser sectarizada nem monopolizada por esta ou aquela tendência. Ela pertence a todos nós, ela se deve sobretudo ao heroísmo do proletariado de São Paulo; sua comemoração cabe a todos nós, anarquistas, antifascistas, democratas, revolucionários, stalinistas e trotskistas, comunistas e socialistas que participamos dela na medida de nossas forças e num espírito de frente única verdadeiramente proletário, o que tornou impossível o reaparecimento dos bandos integralistas nas ruas de São Paulo."

Mário PEDROSA, in Vanguarda Socialista
Nº 7, de 12/10/1945

1934. OS INTEGRALISTAS estão em estado de graça: suas fileiras se engrossam em todas as partes do Brasil, onde seus núcleos conseguem apoio dos fascistas italianos e alemães, das autoridades policiais, dos banqueiros e grandes fazendeiros e de intelectuais a soldo das classes dominantes. Suas camisas verdes e seu "lábaro" com o sigma no centro são vistos com mais frequência. Desfiles, passeatas, jornais polêmicos vão se tornando familiares. Boa parte das "personalidades" da Igreja, das letras, das forças armadas, do governo ingressam nas hostes tangidas pela megalomania de um escritor de regulares recursos, mas de maus autocontroles. Aconselhado por seus assessores hitleristas e mussolinianos, Plínio Salgado, o "Chefe Nacional", como se intitula, visa ascender ao poder. Está na primeira etapa da escalada e lhe convém demonstrar ao ditador Getúlio Vargas que sua colaboração é indispensável para resolver todos os problemas nacionais, desde a economia até a cultura, com planos mirabolantes, inspirados nas gestas mussolinescas, ainda não suficientemente desmascaradas pela história em sua futilidade. Mas a receita integralista não é nada: constitui-se apenas em "enquadrar" de medo total as classes trabalhadoras e toda superestrutura social e política formada pela evolução do capitalismo: os partidos proletários, de tendências as mais variadas, enfiados todos no mesmo saco que leva o nome genérico de "comunismo", mas com o qual os fascistas e reacionários de todo o mundo qualificam qualquer movimento originário das reivindicações das classes exploradas da sociedade. Ante a deterioração da economia brasileira que a queima de café não consegue sustar, o ditador fica a observar a ascensão, pouco comum nos hábitos políticos brasileiros, do movimento integralista. Apesar da parafernália de "leis sociais" adotadas para conquistar o apoio do povo contra os tradicionais donos do poder que não aceitam o seu programa de centralização contrário à estrutura "federativa" do país, Getúlio Vargas está disposto a considerar a possibilidade de valer-se desses energúmenos para governar com mais tranquilidade.

Páginas 58 e 59: Integralistas em uma estação de trem, rumo à Praça da Sé.
Páginas 60 e 61: Integralistas em frente à sede da AIB, na Av. Brigadeiro Luís Antonio em São Paulo, na manhã do dia 7 de outubro de 1934.

Essa atitude explica a tolerância e mesmo o apoio que as autoridades policiais e militares prestam ao sr. Salgado e a vista grossa que se faz por todos os lados, quando os fascistas começam a praticar violências contra seus inimigos políticos. Em 14 de novembro de 1933, a tentativa de dissolver a manifestação da Frente Única da Rua do Carmo, em São Paulo; em 1934, no Ceará, tiros contra um orador socialista, que é recolhido com ferimentos graves; em Niterói, Gustavo Barroso agride a bengaladas uma operária que discursava para os seus companheiros trabalhadores; no Rio de Janeiro, balas integralistas matando e ferindo antifascistas na Praça da Harmonia e no Largo Tiradentes; em Bauru, estado de São Paulo, onde os integralistas tentam usar da violência mas são rechaçados; em Campinas, atentado contra Francesco Frola, quando se preparava para proferir uma conferência; em São Paulo, atentado, na UTG, contra João Cabanas, que é alvo de tiros da parte de um agente da polícia ligado ao integralismo. Nessa ocasião são presos diversos militantes sindicais, entre os quais Aristides Lobo.

A arrogância fascista aumenta com a situação de desunião entre os partidos legais e ilegais de esquerda, ocasionada pela deserção do PCB da Frente Única Antifascista, que surgira como uma iniciativa dos trotskistas da Liga Comunista Internacionalista e alcançara grande desenvolvimento, conseguindo o apoio até dos comunistas, durante algum tempo.

Mas, na visão deformada do PCB, que via em cada socialista, anarquista, trotskista, um perigoso dragão policial e fascista, devido à estupidez da política do chamado "terceiro período", a luta principal devia ser travada "contra a guerra, pela paz", e, em última análise, pela aliança com a burguesia, mesmo à custa da renúncia à defesa das reivindicações da classe trabalhadora.

O PCB lutaria sozinho. E tentou fazê-lo, colhendo um espetacular fracasso. Na hora do comício convocado para mostrar a sua autossuficiência, o povo não deu importância ao chamado. Ninguém compareceu. Os promotores cancelaram a manifestação. No interior do PCB, levanta-se forte atrito acerca da política ou tática a seguir daí por diante, em face dessa dura lição recebida. De um lado está Herminio Sacchetta, secretário da Regional de São Paulo, que quer reaproximar o PC dos trabalhadores; do outro, a direção nacional, ainda dominada por Miranda, de lamentável memória mesmo ante os mais fiéis seguidores da linha stalinista, que condena a companhia dos trotskistas com os membros do partido.

Nessa altura, os integralistas anunciam a realização de uma grandiosa passeata e desfile militar em São Paulo, para o dia 7 de outubro, a fim de comemorar o segundo aniversário da criação da Ação Integralista.

A REAÇÃO

A reação da Frente Única Antifascista é imediata. Estamos na sede da UTG, Mário Pedrosa, Lívio Xavier, Aristides Lobo, Manoel Medeiros, João da Costa Pimenta, José Auto, Videiros, Dupont, Grippa e eu, passando em revista a situação da FUA, então em fase de relativa inatividade, quando chega a informação, transmitida por telefone da redação do *Diário da Noite*, nos avisando da chegada de um comunicado da Ação Integralista convocando a manifestação. Medeiros é o primeiro a reagir: "Não vamos deixar essa canalha dominar a rua. Vamos impedi-los de qualquer maneira." Todos aprovam.

Como secretário da FUA, sou encarregado de convocar uma reunião das entidades que ainda se mantêm ativas dentro do relativo marasmo, para discutir, de plano, a proposta de uma contramanifestação, armada se preciso, que fora aprovada por nós, membros da LCI, que participávamos da reunião na UTG. No dia seguinte, dedicamo-nos todos os militantes da LCI a convocar pessoas, sindicatos e organizações, já informando, na comunicação verbal, pessoal ou telefônica, qual seria o objetivo da contramanifestação: dissolver a reunião integralista, varrer a rua da sua presença, infligir-lhes uma lição duradoura.

(Faço aqui uma digressão. No noticiário sobre os acontecimentos de 7 de outubro, o jornal *A Platéa,* dirigido por Pedro Cunha, dá uma informação errada, logo nas primeiras linhas: diz que a propaganda da contramanifestação foi feita "notadamente pelo

Partido Comunista". Falsa a informação. O PCB só se manifestou depois da publicação de jornais e distribuição de folhetos, não só da LCI, como ainda da UTG e de outras entidades sindicais.

E outra: tudo o que se escreveu acerca da predominância do PCB nos acontecimentos de 7 de outubro, quer da parte de memorialistas ou ficcionistas, é rotundamente falso. As palavras de Mário Pedrosa, que encimam o início desta parte, colocam os pontos nos is, mas não revelam inteiramente a verdade quanto ao que se refere ao período propagandístico e preparatório da contramanifestação. Testemunha pessoal como participante responsável dos fatos, na qualidade de secretário da FUA e presidente da Coligação dos Sindicatos Operários, formada exatamente para manter o proletariado mobilizado contra o integralismo e organizado para defender a liberdade e autonomia sindicais, sei como se desenrolaram os acontecimentos, tanto nessa fase preparatória quanto no dia da manifestação.)

Em dois dias, agindo com presteza, foram convocadas todas as organizações que haviam lutado e permanecido juntas na FUA até 1º de Maio. Convocados também o PCB, o Socorro Vermelho, o Comitê Antiguerreiro e outros grupos (ou carimbos) comunistas que se haviam afastado da FUA depois de 25 de janeiro. As sedes da União dos Trabalhadores Gráficos, do Sindicato dos Empregados no Comércio e do Partido Socialista, locais preferidos de reunião da FUA, tornaram-se os principais centros de convocação.

Cada entidade emitiu seu comunicado aos associados, publicou manifestos ao povo e tratou de realizar reuniões a fim de preparar-se para a luta. A primeira assembleia para exame da situação realizou-se no Sindicato dos Comerciários, presentes mais de 40 organismos. Diante da indecisão dos participantes em iniciar os trabalhos, assumi a direção, convoquei, para participar da mesa, Américo Paulo Sesti (dos Contadores) e minha irmã Lélia, que ocupava o cargo de membro da Comissão de Sindicância do Sindicato. Encontravam-se presentes também Arnaldo Pedroso D'Horta e Noé Gertel. Rapidamente foram tomadas decisões importantes: todos aprovavam a proposta de realizar a contramanifestação; estavam de acordo em que ela deveria realizar-se no mesmo local e hora da anunciada manifestação integralista; a finalidade era dissolver a reunião dos plinianos, sem qualquer possibilidade de voltar atrás nas decisões; o povo de São Paulo deveria ser esclarecido através de manifestos e comunicados à imprensa sobre as razões que justificavam essa tomada de posição, pois os integralistas alardeavam que empregariam no Brasil os mesmos métodos de liquidação física dos adversários políticos e das organizações opositoras que estavam em furiosa aplicação na Alemanha e na Itália; na medida do possível, cada organização trataria de fornecer elementos de defesa – eufemismo empregado para dizer "armas" – necessários para a efetivação das medidas tomadas. Marcou-se outra reunião para dentro de 48 horas.

Várias iniciativas eram adotadas, concomitantemente, pelos membros mais responsáveis dos diversos setores da FUA. O secretariado desta, formado por Mário Pedrosa, Manoel Medeiros, J. Neves, Antunes, João Cabanas, Francisco Giraldes, Zoroastro Gouveia, Waldemar Godói e eu, toma contato com o PCB, que manifestara, dias antes, sua decisão de reingressar na FUA. Na divisão de tarefas, coube a Mário dialogar com membros da direção do PCB, o que se realizou através da mediação de Nestor Reis, amigo de há muitos anos do dirigente comunista Roberto Sisson. Este e outro ex-integrante da Coluna Prestes, depois do encontro com Mário, reúnem-se comigo no escritório que eu trabalhava, no mesmo prédio Santa Helena da sede dos Comerciários e de vários outros sindicatos, para resolver pormenores da contramanifestação. Eles comunicam que o PCB não concorda em submeter-se a uma direção centralizada dos grupos de defesa, querem agir por conta própria; a proposta é aceita por mim em nome dos militantes da LCI, e tomo o compromisso de comunicá-la aos demais participantes dos debates, em primeiro lugar a João Cabanas, ainda, nominalmente, o secretário da Federação dos Grupos de Defesa da FUA, organizada no ano anterior, e que se encontrava relativamente desativada. Cabanas ficaria encarregado da distribuição das forças dos vários grupos de defesa na praça e ruas adjacentes para fazer face aos milicianos integralistas.

Escusado dizer que as coisas não se passaram exatamente como o imaginado. Em primeiro lugar, porque os manifestantes não eram soldados treinados na guerra, nem livre-atiradores com prática de guerrilha urbana. Eles certamente não seguiriam ao pé da letra as ordens emanadas de um comando mais ou menos militarizado. Em segundo lugar, porque uma das propostas de Cabanas foi derrotada. Ele aconselhara postar alguns livre-atiradores no interior dos prédios que rodeavam a praça, notadamente o Santa Helena e o da Equitativa, com o que não concordaram noventa por cento dos presentes. Mas chega-se ao consenso de dividir as forças em três posições principais, a saber, uma seção delas ocuparia a calçada – fronteira ao Santa Helena até a Rua Wenceslau Braz; a segunda se colocaria no fundo da praça, na seção que corresponde à calçada e aos calçadões entre a saída da Rua Direita e a Rua Wenceslau Braz, e a terceira, no passeio de frente do prédio da Equitativa, entre as ruas Senador Feijó e Barão de Paranapiacaba. Politicamente, a primeira posição seria ocupada pelos membros do PSB, a segunda pelos comunistas e a terceira pelos trotskistas e anarquistas. Tampouco essa disposição foi obedecida em toda a sua rigidez, pois os antifascistas de qualquer tendência não estavam interessados em obedecer a esquemas ideológicos. Eles circularam por toda extensão da praça, solidarizando-se com os companheiros das outras tendências, sem qualquer espírito divisionista ou particularista.

Também ficou acertado que o início de nossa contramanifestação se verificaria no momento exato ou muito pouco tempo depois da abertura do ato integralista; que se designasse um orador para iniciar a contramanifestação; a escolha recaiu no meu nome, ficando claramente expresso que eu ficaria bem próximo do contingente integralista para fazer combinar o chamamento dos antifascistas à ação no momento escolhido.

Nova reunião se realizou, desta vez com a presença de Hermínio Sacchetta, representando a direção regional do PC e de mais de vinte delegados das diversas entidades ligadas aos comunistas. Houve muita discussão, como acontecia toda vez que comunistas e trotskistas se encontravam nos mesmos locais. Nessa ocasião, verificada, porém, a inutilidade de qualquer votação, propus a Sacchetta que se tomasse uma das duas soluções, a saber, que os vinte votos do seu grupo ficassem reduzidos a um só, ou o meu voto passaria a valer vinte e um. Uma tempestade de protestos, gritos e impropérios acolheu as minhas palavras. Mas Sacchetta, agindo habilmente ante seus companheiros, evitou permanecer no impasse e, modificando o estilo de colocação das questões, conseguiu que a reunião fosse altamente proveitosa. O PCB estaria na praça com todas as suas reservas. Essa reunião não contou com a presença de nenhum outro membro da FUA nem do PS. Estávamos, frente a frente, somente PCB e LCI.

No dia 3, a comissão executiva ampliada da LCI realizou uma reunião importante na residência do militante húngaro Rudolf Lauff, o valoroso ex-soldado de Trotsky a quem Pedrosa dera o pseudônimo de "Klassenkampf"[25]. Durante mais de duas horas debateram-se as medidas a tomar para garantir o êxito da tentativa e proteger os militantes.

Rudolf tem uma experiência formidável, já que combateu durante mais de um ano e meio no corpo da Armada Vermelha de Trotsky. De uma coragem a toda prova, conhecendo o perigo a que se expõe ao abrigar reuniões clandestinas, não titubeia em colocar a sua casa à disposição quando se verifica a necessidade de uma reunião urgente. Seus conselhos sobre como agir numa luta de rua são acolhidos por nós, membros da LCI, e é de acordo com eles que nos comportaremos na Praça.

Assim, cada um dos três grupos antes citados tem a sua tática especial e não fica na dependência do outro para a ação. Mas a LCI não alcança unanimidade nas suas decisões. Aristides Lobo, Victor de Azevedo Pinheiro, José Auto e Rachel de Queiroz, que durante sua estada em São Paulo era militante da LCI, recusaram-se a aceitar a atitude tomada pelos demais companheiros, condenando-a como aventureira e perigosa. Declaram-se contrários ao enfrentamento armado que poderá ocorrer, como consequência da atitude – que qualificam de provocadora – da solução armada. A posição desse grupo abala profundamente os companheiros, pois Aristides fora até então um lutador intimorato, um implacável inimigo da reação e um dos mais destacados elementos de luta contra o fascismo. Alguns simpatizantes, como Geraldo Ferraz, Miguel Macedo e outros, o acompanham, mas mesmo dissentindo, comparecem à praça e lutam. Aristides e os outros militantes, coerentes com a sua opinião, se abstêm de participar. Esse comportamento lhes valerá, pouco tempo depois, a expulsão dos quadros da LCI.

A todos os militantes é aconselhado cuidar da segurança própria nos dias mais próximos ao 7 de outubro, para evitar possíveis prisões ou provocações que possam impedi-los de participar da luta em perspectiva. Alguns de nós, eu inclusive, passamos as duas últimas noites em casa de parentes ou amigos, evitando permanecer em nossas próprias residências devido à possibilidade de uma ação preventiva da polícia, que poderia impedir-nos de participar do ato projetado.

UM ESTRANHO MAS COMPREENSÍVEL MANIFESTO COMUNISTA

O dia 4 reserva uma grande surpresa para todos os que estávamos empenhados na organização da contramanifestação. É que, segundo noticia o jornal *A Platéa* dessa mesma data, ficamos informados que "o secretariado do Comitê Regional de São Paulo do Partido Comunista do Brasil dirigiu ontem à noite um convite ao Partido Socialista, ao Partido Trabalhista, à Liga Comunista Internacionalista (trotskista), à Coligação dos Sindicatos Proletários, à Federação Operária, à Confederação Geral dos Trabalhadores do Brasil, aos sindicatos autônomos, a todas as organizações populares antiguerreiras, antifascistas e estudantes para uma demonstração de frente única, de combate ao fascismo, à guerra e à reação conservadora no próximo domingo" (ver apêndice). Termina a nota, que resume o resto do manifesto, com a afirmação gratuita de que essa demonstração seria o começo de uma frente única duradoura.

Não foi difícil interpretar as razões do PCB para a veiculação de tão estapafúrdia "convocação" fora de tempo, quando tudo já estava feito, pois conhecíamos a prática do stalinismo de alterar a seu bel prazer a história verdadeira de ontem em favor das conveniências de hoje e de atribuir a si próprio a autoria de tudo o que os outros realizavam. No caso, a notícia visava a "livrar a cara" dos dirigentes nacionais do PCB, que haviam forçado a regional de São Paulo (Hermínio Sacchetta) a afastar-se da massa operária congregada na FUA. Por isso, não demos maior importância à falsidade da postura dos comunistas: o importante era que os militantes desse partido estivessem decididos como todos os demais a realizar o que se havia combinado. Mas, para a atenção dos historiadores, para o interesse da educação dos que querem conhecer o passado ou militam hoje nos vários partidos e nas universidades, é útil saber que esse documento pode ser utilizado para a comprovação da técnica stalinista de fazer a história, nunca como exação da verdade.

O DIA 7 DE OUTUBRO

O relato dos acontecimentos do dia 7 de outubro de 1934, à distância de 50 anos, exige o máximo de objetividade se desejarmos trazer ao conhecimento de hoje a visão mais aproximada possível do que ocorreu. As causas que exigem esses cuidados são numerosas. Uma das mais importantes é a escassez de documentação contemporânea ao fato. Em que pesem as longas reportagens publicadas em jornais da época, tomando páginas inteiras da *Folha da Manhã*, *Folha da Noite*, *Diário de S. Paulo*, *Diário da Noite*, *O Estado de S. Paulo*, *A Platéa* e *A Plebe*, material editado e necessariamente impreciso, escasso e às vezes mais opinativo que descritivo. Para benefício dos colegas jornalistas da época, concedamos que lhes era impossível relatar com maior detalhamento o que acontecera, dado que os jornais de então designavam um único repórter para coberturas como essa. Seria demais exigir maior precisão na descrição de um acontecimento que se desenrolara num espaço muito amplo, impossível de ser testemunhado por um único observador.

Por sua vez, os maiores interessados na manutenção da memória do dia 7 de outubro, nós, os que então militávamos na Liga Comunista Internacionalista e havíamos criado a Frente Única Antifascista, sofremos logo a seguir uma crise profunda que abalou e praticamente liquidou as nossas fileiras. A expulsão de Aristides Lobo e seus acompanhantes, a liquidação da FUA pela Aliança Nacional Libertadora, a sucessiva prisão e exílio de quase todos os seus membros, com o que foi selada a extinção da LCI, privaram-nos dos meios de examinar e rememorar o acontecimento. Outro motivo que torna laboriosa a tentativa de construção histórica do 7 de outubro é a visão errônea que dele têm até respeitáveis historiadores, "brazilianists" e jornalistas interessados em acompanhar comemorações de fatos históricos: referimo-nos à incapacidade dos analistas de compreender que a dissolução do ajuntamento integralista e dispersão de suas hostes uniformizadas não foram apenas uma briga de rua, um doesto entre políticas antagônicas, mas, antes de mais nada, o desmantelamento de um plano arquitetado pelos integralistas para convencer o ditador da absoluta necessidade de chamar para a sua companhia, no poder, a força fascista, a única que supostamente poderia dar-lhe meios para combater a crise econômica e social em que se debatia o Brasil. Plínio Salgado estava desejando demonstrar que seus milicianos poderiam servir à consolidação do capitalismo contra as ameaças do comunismo, pois estavam preparados para enfrentá-lo na rua[26]. Sem levar em conta isso, a análise do que ocorreu naquele dia não passa de uma avaliação inepta.

Acrescentem-se ainda fatores como o desaparecimento de quase todos os homens que lideraram os acontecimentos de então e a relutância, em alguns casos, ou recusa, em outros, dos poucos sobreviventes, de dar o seu testemunho pessoal; a pretensão, ainda mais grave do que isso, de certas pessoas que não se encontravam no centro das decisões naquele tempo, de desejarem apresentar-se hoje como pivôs únicos e imprescindíveis dos fatos. E o silêncio absoluto que o Partido Comunista do Brasil e seus sucessores PCdoB, PCB, MR-8 e quejandos, mantiveram em torno desse e de outros fatos daquele período de lutas internas intensas, quando o PCB acabou criando a ALN e o próprio desastre.

Não se encontra entre respeitáveis memorialistas que pertenceram ou ainda pertencem aos quadros comunistas qualquer referência aos fatos de 7 de outubro e à Frente Única Antifascista.

Dispenso-me de dar os nomes desses autores, pois são todos, até mesmo os mais sinceros e honestos, conhecidos.

Há, ainda, mais uma causa grave: a fruição, o gosto que todo brasileiro sente e que recebeu como traço cultural transmitido pelos primeiros povoadores, de queimar, de atear fogo a tudo quanto se considera estorvante; refiro-me ao verdadeiro auto de fé particular que praticamente cada militante fez com os documentos que possuía, pelo receio de ser comprometido ante a brutalidade policial nas épocas de perseguição do Estado Novo e do golpe empresarial-militar de 1964. Quase tudo foi incinerado.

Finalmente, mais dois motivos dificultam a completa elucidação dos fatos: a literatura, que não está sujeita a manter-se nos limites da realidade e a reelabora ao seu gosto pessoal, e o subjetivismo de quem escreve, nem sempre imune de aparecer, na hora da evocação de momentos que demarcaram a vida e a visão de si próprio.

O ENFRENTAMENTO

Quem se der ao trabalho de consultar a revista *Isto É*, de 10 de outubro de 1979, encontrará nas páginas 81 a 84 matéria sob o título "Um dia de luta e de união", assinada por Paulo Sérgio Pinheiro, Ângela Ziroldo e colaboração de Maurício Dias, que após uma breve introdução sobre os acontecimentos que comemoravam então 45 anos, estampa três depoimentos "de algumas das lideranças que participaram daquele confronto". Autores: Mário Pedrosa, Hermínio Sacchetta e eu. O depoimento de Sacchetta e o meu apresentam várias contradições. A primeira é que ele afirma ali que o "Partido Comunista é que tomou a iniciativa de convocar essa reunião". Creio que a memória do grande companheiro que foi esse homem dinâmico e inteligente falhou, como está evidente para quem acompanha a cronologia dos acontecimentos exposta nas páginas anteriores. A outra contradição entre os dois testemunhos é sobre quem "abriu" o comício. Sacchetta diz que ele o fez, subindo ao pedestal do relógio que então se encontrava no fundo da praça, no lugar onde atualmente se localizam as barracas dos vendedores de bilhetes de loteria. No meu depoimento, afirmo que fui eu quem o abriu, subindo no pedestal da coluna que enfeita o portão do Edifício A Equitativa, do lado esquerdo de quem olha para a Praça desde as escadarias da catedral. Também neste caso há, no meu entender, falha de memória. Os detalhes parecem insignificantes, mas na realidade têm alguma importância para a narrativa fiel do enfrentamento. Deixemos por ora esses desencontros atribuíveis tanto à falta e falhas daquela documentação a que me referi linhas atrás, quanto às infidelidades da memória de fatos ocorridos há tantos anos. Vamos ao dia 7 de outubro.

ENTRE 8H E 12H

Durante a manhã, depois de rápida leitura dos jornais para tomar conhecimento do que os integralistas estavam aprontando para a sua manifestação, realizei uma verdadeira maratona pelo centro da cidade, contatando elementos da FUA, do PSB, anarquistas, comunistas e meus companheiros trotskistas em pontos que haviam sido escolhidos em reuniões dos dias anteriores. Eram poucos elementos de cada grupo que serviam de ligação com os contingentes maiores que deveriam chegar à Praça da Sé somente na hora da concentração. Os pontos principais eram o Largo João Mendes, o pátio do Convento do Carmo, no início da Avenida Rangel Pestana, o Largo de São Bento e a Praça Ramos de Azevedo. Um círculo amplo, dando fácil convergência para o centro da Praça da Sé. Encontrei tudo em ordem: os companheiros indicados lá estavam, à espera de receber os outros companheiros e rumar para a Praça quando fosse necessário. Com essa tática, despistamos os observadores adversários e evitamos que a polícia cortasse os acessos ao ponto central. No pátio do Carmo, encontrei o socialista Godói, que me informou ter notícias de que os integralistas já estavam se reunindo: ele os vira ocupando um largo trecho da Avenida Brigadeiro Luís Antônio, a começar da Avenida Paulista até a sua sede, localizada junto ao cruzamento da Brigadeiro com a Riachuelo, próximo ao Largo de São Francisco. Os camisas-verdes deviam ser mais de três ou quatro mil, já que suas formações, escalonadas por fileiras duplas, interrompidas apenas pelas ruas transversais, ocupavam praticamente todo aquele trecho da Brigadeiro. Os jornais noticiavam que chegariam quinhentos milicianos do Rio de Janeiro e de outras cidades. Na Estação do Norte, nossos observadores informaram que centenas de integralistas uniformizados desembarcavam de todas as composições que chegavam do interior do estado. Como se constatou depois, realmente foi numeroso o contingente de plinianos procedentes das cidades de Bauru, Jaú, Sorocaba, Campinas, Santos e outras.

O abundante noticiário dos jornais sobre a concentração da Ação Integralista Brasileira para comemorar o segundo aniversário da sua criação e a profusão de manifestos e panfletos das mais variadas associações antifascistas distribuídos por toda a cidade tinham despertado o interesse da população, que ao meio-dia já acorrera à Praça em grande número. O local fervilhava de pessoas que circulavam ou formavam grupos por toda a sua extensão. Companheiros antifascistas começaram a entrar na Praça, localizando-se nas áreas destinadas a cada grupo. Às 12h, completando a terceira volta pelos pontos de encontro, subi na sobreloja do prédio que faz esquina da Rua Barão de Paranapiacaba com o Largo da Sé, onde se localizava um salão de jogo de sinuca de nome Taco de Ouro. Era o ponto combinado nas reuniões de trabalho anteriores, de contato do PCB com a FUA e a LCI para manter unidade de ação na luta que se avizinhava. Ali encontrei Arnaldo Pedroso D'Horta e Noé Gertel, encarregados de manter os corredores de comunicação abertos entre nós. Poucos minutos depois chegou Miguel Costa Filho, que manteve com eles uma palestra muito breve, transmitindo-lhes informações sobre a situação da mobilização, segundo me pareceu. Arnaldo me comunicou que permaneceria no interior do prédio na companhia de Noé Gertel por decisão da direção partidária, que exigia que eles não se expusessem a serem presos, pois eram muito conhecidos da polícia. (Anos mais tarde, Arnaldo, na militância comum que tivemos no PSB dos anos 1950, confirmou os fatos e confessou o constrangimento com que recebera a "ordem". Quando a batalha da Praça já tomava aspectos graves, Arnaldo e Noé Gertel juntaram-se aos manifestantes, abandonando o "abrigo". Mas, antes disso, encontrei-me mais uma vez com os dois no mesmo local, durante o segundo giro de minha atuação de coordenação). Considerei prudente a medida e saí acompanhado de "Miguelzinho", que tomou direção contrária a minha.

ENTRE 13H E 15H

Eram 13h quando os primeiros contingentes de cavalaria e infantaria da Força Pública iniciaram a ocupação da Praça, distribuindo pelotões junto a todas as entradas, em frente ao prédio Santa Helena e nas saídas para o Pátio do Colégio e Rua Wenceslau Braz. Grupos de soldados também se postaram junto à Rua Barão de Paranapiacaba. Subindo em direção ao Largo João Mendes, encontrei Mário Pedrosa, que chegava naquele momento, em companhia de Machek e outros companheiros de seu grupo. Troquei algumas palavras com esses companheiros, dando conta do que fizera até então e confirmando a decisão tomada pela reunião ampla das organizações antifascistas de que eu abriria o comício. Na militância comum com Mário Pedrosa, sabia-o homem de pensamento e ação, numa conjunção de qualidades não muito frequentes. Mas Mário realmente surpreendia. O seu entusiasmo por estar na linha de frente da luta antifascista e por dar mais uma demonstração de que a condição de trotskista era legítima expressão do espírito revolucionário transparecia no seu sorriso entre exultante e irônico. Conforme a decisão, Mário permaneceu com o grupo que o acompanhava nas proximidades do trecho da calçada da Praça na altura da Rua Senador Feijó.

Continuei circulando, fui até a porta do Santa Helena, onde falei com um membro do PSB que conhecia só pelo primeiro nome, Joaquim, muito ligado ao presidente do seu partido, Francisco Giraldes Filho, e recebi dele informação de que estavam todos os companheiros daquele ponto sequiosos por "começar a inana", conforme se dizia então. Fiz a volta completa da Praça, passando em frente às esquinas da Wenceslau Braz, 15 de Novembro, Direita e Barão de Paranapiacaba, de onde passei para a Quintino Bocaiúva e, finalmente, Largo de São Francisco. Quem se aproximou de mim, seguido de um homem alto, foi o doutor Nestor Reis, que me apresentou o seu acompanhante Euclydes Krebs, que "vai tomar conta deste setor", cuidando que os integralistas "se comportem por aqui", segundo me disse. Krebs ficou ali, em frente à Faculdade de Direito. Soube depois que ele passou a maior parte do tempo na Rua Quintino Bocaiúva, até a entrada da Barão de Paranapiacaba, fustigando sem trégua os integralistas.

Voltei para o Taco de Ouro. Os dois representantes do PCB permaneciam no lugar. Arnaldo inquiriu sobre como eu vira a situação lá fora. Limitei-me a um breve relato e confirmei a decisão de abrir o comício quando os integralistas iniciassem o deles, conforme estava combinado entre todas as organizações agora coligadas em ação comum. Pouco antes das 14h, a polícia começou uma "operação limpeza" nos prédios da Praça. Os delegados Eduardo Louzada da Rocha e Saldanha da Gama entraram no Santa Helena, passaram um "pente fino" em todas as salas de frente e nas sedes dos vários sindicatos ali localizadas. Vasculharam todos os cantos e não encontraram arma nenhuma. Mandaram lacrar as portas dos sindicatos e das salas de frente e colocaram uma guarda de vários soldados no portão do prédio, proibindo a entrada de quem quer que fosse. Depois atravessaram a Praça e repetiram a operação no prédio de A Equitativa. Encontrando Ruy Fogaça, membro do PSB, nas proximidades, o delegado Saldanha o prendeu e o remeteu à Central de Polícia.

Essas medidas, previstas por nós quando recusamos aceitar o plano de colocar livre-atiradores no alto dos edifícios, desmentem as notícias de jornais e declarações de Plínio Salgado e outros chefões que acusaram os antifascistas de "atirar covarde-

---

Páginas 76 e 77: Integralistas indo para a Praça da Sé.
Páginas 78 e 79: Batalha da Praça da Sé, 7 de outubro de 1934.
Página 81: Cena da Batalha da Praça da Sé.

mente das janelas dos prédios contra os indefesos milicianos". Os jornais escreveram que tiros saíam em profusão da sede da UTG, situada à Rua Barão de Paranapiacaba, nº 4, segundo andar. Mas a entidade fez publicar desmentido, no dia seguinte, em vários jornais, informando que a sua sede se mudara daquele local para a Rua 3 de Dezembro, nº 47, terceiro andar, bem longe dali e que a polícia a havia interditado desde as 12h de domingo (dia 7), colocando dois agentes de guarda.

No próximo giro do circuito de pontos de contato, encontrei as filhas de Rudolf Lauff, Anna e Maria, a primeira de 21 e a segunda de 12 anos de idade. Haviam se desencontrado do pai, alinhado naquele momento com um grupo de pedreiros, mas estavam a postos, prontas para agir. (A presença da menina Maria impressionou fortemente Mário Pedrosa, que, até os seus últimos dias, no estágio final de sua doença, na presença de Mary, sua mulher, me perguntava, no Rio de Janeiro, "onde está a filha do Klassenkampf?") Minha irmã Lélia e uma tecelã, Catarina, juntaram-se às duas. Aos poucos, outros militantes da LCI e simpatizantes engrossaram o grupo que iria garantir minha proteção para o momento de fazer uso da palavra na abertura da contramanifestação. A esses juntaram-se cerca de dez ou doze anarquistas, alguns ainda guardando na memória a figura de meu avô materno anarquista, Bôrtolo Scarmagnan. Bem por perto, membros da Juventude Comunista, entre os quais o estudante Décio Pinto de Oliveira.

A essa altura, quatrocentos homens, pertencentes ao 1º, 2º e 6º Batalhões de Infantaria, Corpo de Bombeiros e Regimento de Cavalaria, já ocupavam toda a Praça, sob o comando do coronel Arlindo de Oliveira. A Guarda Civil também estava presente com um grande dispositivo armado de fuzis e metralhadoras. Logo, todas as ruas que levavam à Praça da Sé foram fortemente policiadas. Na João Mendes, cavalarianos, com grossos mosquetões, estavam cuidando das passagens que davam acesso à Sé. Na Rua Santa Thereza (que desapareceu com a demolição do prédio Santa Helena), um contingente da Guarda Civil ostentava fuzis-metralhadoras.

O dispositivo policial pareceu satisfazer aos integralistas, que iniciaram a sua comemoração enviando à Praça um grupo de

moças e crianças, uniformizadas, desfraldando bandeiras com o sigma no centro. Elas se dirigiram às escadarias da Catedral, onde já se encontravam alguns milicianos integralistas, e, acompanhados por estes, começaram a entoar hinos e "anauês", a saudação típica dos membros de sua grei.

A essa altura, os contingentes antifascistas estavam todos na praça, distribuídos, aproximadamente, de acordo com a divisão de áreas logísticas de que já falamos. Havia um grupo muito grande de manifestantes antifascistas em frente ao prédio Santa Helena. Estavam mais próximos que os demais das escadarias da Catedral, onde o festivo contingente de meninas e moças integralistas se colocou. Começaram então os "morras", "fora galinhas verdes" e outras qualificações mais expressivas. Alguns integralistas procuraram reagir e se estabeleceu um início de tumulto, com bengaladas, pontapés, safanões e cenas de pugilato. A polícia procurou intervir. Alguns tiros espocaram sem que se soubesse de onde provinham. Estabeleceu-se um começo de pânico, com integralistas, antifascistas e público em geral correndo por todas as partes. Mas esse primeiro estouro durou pouco. Cerca de dez minutos depois, os integralistas se reagrupam e o grosso das suas formações entrou na Praça e foi se colocando nas escadarias da Catedral, entoando o seu hino oficial e dando "anauês".

DAS 15H ÀS 16H

Chamo a atenção para um pormenor, que deve ser considerado para a avaliação correta dos acontecimentos. Os jornais da época estabelecem uma certa confusão ao separar, nitidamente, "duas fuzilarias", sendo a "primeira" produzida pelo disparo acidental de uma metralhadora. Na realidade ocorreram, sim, duas fuzilarias, com um intervalo de cerca de vinte minutos entre uma e outra. As coisas se passaram do seguinte modo: o "primeiro" conflito, ocorrido quando ainda se encontravam nas escadarias da Catedral as moças e meninas e alguns milicianos integralistas, durou apenas alguns minutos e terminou com tiros. Foi durante o período de calma sucessivo a esse primeiro conflito que parte dos integralistas deu entrada na Praça, contornando os fundos da Catedral, no Largo João Mendes, e aparecendo pelo lado do prédio Santa Helena, ocupando depois as escadarias.

Eu me encontrava, nesse momento, junto à esquina da Rua Senador Feijó, com o grupo de membros da LCI, anarquistas e Juventude Comunista, a espera de desempenhar a tarefa que me fora incumbida. Troquei algumas palavras com Mário Pedrosa e Juan Hernandez, um anarquista, e comuniquei-lhes que já havia escolhido o lugar de onde iniciar comício: o pedestal da coluna lateral do edifício A Equitativa (o prédio está ainda no mesmo estado em que se encontrava então. A única diferença é que a coluna em cujo pedestal subi está agora meio oculta por uma vitrina comercial). A Praça ecoava com os gritos contra os integralistas e seus hinos triunfalistas.

É esse o momento em que se verifica o "primeiro" incidente.

Até hoje não se pôde conhecer a versão exata de como aconteceu a descarga acidental, ou, segundo querem alguns, especialmente os integralistas, propositada. Uma das versões diz que os policiais haviam colocado sobre um tripé, bem em frente à Catedral, uma metralhadora distanciada do edifício uns trezentos metros. Um dos populares, que "se retirava apressadamente" do local, temendo um conflito, teria tropeçado na arma, que começou a detonar. A primeira rajada colheu em cheio três guardas civis, matando um deles. "O encarregado da arma atirou-se à mesma, segurando-a pelo cano e fazendo, assim, que o resto dos projéteis se perdessem no ar" (segundo a *Folha da Manhã*, de 8/10/34). A outra versão diz que os soldados haviam montado uma metralhadora sobre um tripé na esquina da Rua Senador Feijó. Um cavalariano que não conseguiu dominar o nervosismo de sua montada teria sido levado pelo seu animal até onde se encontrava a arma, derrubando-a e causando os disparos[27].

Provavelmente nunca se saberá como de fato ocorreu o incidente da metralhadora, nem se foi acidental ou propositado, mas o certo é que foi essa descarga que fortaleceu a decisão de reagir dos antifascistas. Para todo o povo presente, que não sabia da acidentalidade dos disparos, seus autores eram os integralistas. O ódio popular foi excitado e, daí a pouco, mostrou como é perigoso despertá-lo. Enquanto se retiravam os feridos e o corpo do morto, serenaram-se os ânimos. Houve intervalo de cerca de dez a quinze minutos entre a descarga e o tumulto, e nesse particular, talvez um dos poucos, combinam todos os jornais da época e minhas lembranças pessoais, confrontadas com as de outras dezenas de companheiros com quem conversei sobre o caso nestes últimos trinta anos, a contar do meu regresso do exílio na Bolívia.

Os integralistas, refeitos do pânico causado pela descarga da metralhadora, começaram a lotar as escadarias da Catedral. Achei que era esse momento para iniciar a contramanifestação. Subi ao pedestal da coluna e pronunciei breves palavras. Sei que disse algo semelhante a isto: "Companheiros antifascistas, viemos à Praça para não permitir que o fascismo tome conta da rua e de nossos destinos..." Nada mais pude dizer porque uma furiosa saraivada de balas foi dirigida ao nosso grupo, partindo dos integralistas e de cidadãos não uniformizados que os acompanhavam, provavelmente policiais. Senti projéteis zumbir ao lado de minha cabeça e atingir a parede bem perto de mim. Vi que Mário Pedrosa vinha descendo em minha direção acompanhado de homens e mulheres da LCI e de membros da Juventude Comunista que faziam cobertura à nossa defesa, atirando contra os integralistas. Todos estavam procurando abrigar-se contra a fuzilaria que era dirigida contra nós enquanto alguns faziam uso de armas. Desci de meu palco improvisado e me juntei aos companheiros. Correndo, ouvi Mário dizer: "Estou ferido", então tropeçou. Agarrei-o com a mão esquerda pelo braço. Nesse momento, vi que o jovem que corria à minha direita tivera como que um sobressalto e lançava pela boca uma golfada de sangue. Era Décio Pinto de Oliveira atingido mortalmente por uma bala na nuca. Com a mão direita agarrei-o pelo braço, enquanto ele ia caindo. Não pude aguentar o peso do corpo de Décio e por

---

Página 85: Décio Pinto de Oliveira, estudante de direito, morto na Praça da Sé.

isso ele escorregou e caiu ao solo no meio-fio da calçada. Então continuei segurando Mário e o levei até a entrada do prédio do Taco de Ouro, onde o deitei ao solo, auxiliado por meu irmão Lívio, que ali se encontrava, sem meu conhecimento, junto com outros companheiros. Lívio me ajudou a colocar Mário no hall de entrada do prédio. Pedi a ele que cuidasse de Mário e voltei para socorrer o Décio. Seu corpo jazia no chão, no meio-fio da calçada, bem em frente ao prédio de A Equitativa. Auxiliado por um jovem que não conhecia, carreguei-o até a esquina. O tiroteio estava no auge e o ponto em que me encontrava parecia ser o preferido pelos atiradores integralistas. Lembro-me bem de tê-los visto, de arma na mão, atirando na minha direção. Era, com efeito, entre as Ruas Benjamin Constant e Barão de Paranapiacaba onde se verificara o maior número de vítimas. Além de Mário e Décio, naquela parte da Praça foram atingidos gravemente diversos militantes: Cipriano Cruz Afonso, um português ativo simpatizante da esquerda, com ferimento no peito causado por uma bala de fuzil; Orácio Otromac, com ferimentos na coxa esquerda; Paulo Pinto de Carvalho, com ferimento penetrante na região torácica; Adelino Campos Brasil, com ferimento de bala na mão esquerda e mais dez ou doze cujos nomes se encontram na lista das vítimas.

Morreram, também, naquele trecho, três agentes policiais. Outros feridos faleceram no dia seguinte.

DAS 16H ÀS 17H

A batalha continuou, cada vez mais forte. A fuzilaria partia de todos os lados, numa confusão incrível, que facilitou, posteriormente, várias interpretações. A primeira, que surgiu no local mesmo dos acontecimentos, foi a de que houvera um acerto de contas entre policiais da Segurança de São Paulo e da Polícia Federal, recém-criada, cujos poderes centralizadores forjados para retirar das instâncias estaduais a relativa independência de que gozavam irritavam profundamente os paulistas. Estava ainda bem presente à memória do governo de Getúlio a rebelião "constitucionalista" de 1932, de São Paulo, quando o poder central experimentou na própria carne como era ainda grande a margem de poderes administrativos e políticos dos estados, que deveriam ser aniquilados para a instauração de seu próprio regime personalista, centralizador e autocrático. Há fortes indícios de que algo pelo estilo possa ter ocorrido, pois o número de agentes policiais feridos e mortos foi percentualmente muito alto mesmo para uma refrega que juntava milhares de pessoas e que empregou dezenas de milhares de projéteis.

A outra versão é a de que a Força Pública de São Paulo tinha forte tendência a seguir o rumo que lhes indicavam o coronel Cabanas e o general Miguel Costa, os quais teriam influído sobre o seu comportamento contrário aos integralistas no próprio dia 7, pouco antes e durante os primeiros momentos da luta. É sabido que a Força Pública de São Paulo teve momentos em que o controle da ideologia da corporação fugiu aos donos do poder. Muitos de seus membros sofreram, em diversas oportunidades, pesados castigos por defender opiniões políticas e ideológicas até contrárias ao governo.

Personagem e testemunha ocular dos acontecimentos da Praça da Sé, inclino-me a admitir que ambas as interpretações das causas da ocorrência de percentual tão expressivo de policiais atingidos têm algo de real. Mas recuso-me a aceitar a conclusão de que foi por essa "contribuição" das forças policiais que a contramanifestação teve êxito. O sangue de Décio Pinto de Oliveira, os ferimentos de Mário Pedrosa, Cipriano Cruz Afonso e de tantos outros mostram a quem se deve o mérito da vitória: ao heroísmo, à dedicação, à coragem de todos os militantes da causa proletária, aos anarquistas, socialistas, stalinistas, trotskistas, social-democratas, liberais de esquerda, estudantes, operários sindicalizados ou não, mulheres, até crianças, que foram à batalha para barrar o caminho ao integralismo. Creditar o desbaratamento dos cerca de oito mil homens que os integralistas tentaram reunir na Praça da Sé à atuação quase exclusiva de dois militares e de seus soldados, como se tentou fazer, constitui a prova da total descrença na força da classe operária, quando esta assume sem confusões políticas ou ideológicas o seu verdadeiro papel de classe revolucionária.

RIA!

...arte ecôa, confrangendo os co-
...ares proletarios!
...sar nos quadros indigentes dos
'cortiços', para onde a miséria
...s que produzem toda a riqueza
...infame, as vitimas do capita-
...aude, a dignidade, o pudor e o
...er proletaria, flôres emurcheci-
...não podem cultivar o sentimen-
...or, porque em volta de si, a cer-
...upidez, a perversidade, a imun-

...se de individuos que conseguem
...endo-se do roubo legalizado em
...a social iniqua e vil, fazendo-os
... por meio de um sistema a que

...le individuos, para conservar os
...fogar na champanhe das orgias
...s instintos de prepotencia e de
... dos seus milhões arrancados
...ar um aparelho apoiado na for-
...raude, na inconsciencia das mas-
...religiões.

...alhadores, o povo, as multidões
...o da mina, deixando a vida, o
... os transportes, que enchem a
..., que dá calor á vida e movi-
...r explorar.

...ploração dos que, na fabrica, na
...rios, produzem tudo o que por
...numentos que nos produzem as
... grandes palacios, os arranha-
...seus e universidades; por meio
... concepção autoritaria da vida
...uma mentalidade opressora e es-
...ação do homem pelo homem, o
...odutoras á submissão, em nome
...espeito, em nome de uma moral
... na estupidez; ao trabalho em
... interpretação das ciências eco-
...tudo isso!

...onstitui a verdadeira força; que
...e o sustenta as instituições que
... soldados; que fornece ao tra-
... fornece a carne humana para
...fundados na pestilência dos vi-
...os da burguesia; que encaminha
...na de ladroeira, para os cofres

EM CUBA

O imperialismo iânqui se prepara para afogar em sangue a revolta do povo contra a TIRANIA!

NAZISMO!

A serpente que devora o povo alemão

QUE E' O ANARQUISMO

Os anarquistas querem:
Uma sociedade sem governos nem leis, constituida por fede-rações de trabalhadores que produzam segundo suas capaci-dades e consumam segundo suas necessidades.
— uma sociedade onde toda a Terra e suas riquezas sejam de todos os trabalhadores;
— uma sociedade sem opres-são das massas trabalhadoras por uma minoria de ricaços

A religião

O homem não nasce crent...

Será que o ente humano crente? — eis a pergunta que n... puzemos estudar em primeiro no presente trabalho. A respos ra fatalmente negativa. Ele não crente, assim como não se se... fala humana desde o seu nascer, ensina a falar a criança? Os tos que o rodeiam ouve as sua versas, eles o ensinam e com ... po a criança aprende a falar mesma. Jamais falaria si vives tre os mudos.

Idéntico processo se passa c... crença em deus. O homem no da sua infantilidade não poss... nhuma noção sobre deus, anj... diabo. De tudo isso vem a ter nhecimento pelas circunstancia dentais em primeiro lugar da avó, e, naturalmente, 'da esco mais velhos levam-no para a católica ou schismática, 'sinago outro "templo". A criança p... que os mais velhos, ligando ao os maus acontecimentos da vid tidiana, seguidamente repetem lavras: deus, diabo, anjo, milag em casa os quadros, ouve lend bre os milagres feitos, segun... zem, por santos. Tudo isso c... para formar-se nele certa conc de um ente sobrenatural, que faz e do qual tudo depende.

Portanto, não devemos es que a crença em deus não é q... nativa do ser humano, e qu... forma sob a influência do me... o individuo habita desde a inf

O QUE E' A RELIGIÃO

Sempre se fala sobre a cren deus, quer dizer, sobre a re... A religião é a fé, baseada no ... de que além do mundo, das que nos rodeiam, existe ainda mundo especial, "mundo de ... sobre o qual nada de positivo mos e jamais poderiamos saber

Tudo o que nos rodeia, a na morta ou viva, pode ser disc pelos cinco sentidos humanos. tanto, o individuo crente supõ além deste mundo real exist outro, sobre o qual a humanida do ignora; êsse mundo é cons por deus, com o seu "reino" natural. (fora do Universo e chamado mundo do além, (... eterna). Os crentes julgam que o que existe no mundo real, ao ente humano, depende precis... d'aquele mundo desconhecido, quer dizer, de deus.

Por exemplo a maioria dos tãos, muçulmanos e judeus, cre... existência dum deus que habi céus. Aquele deus tudo sabe, tu ouve. Tudo o que ocorre no ... terra, o frio, a fome, as desgra miseria, a guerra, tem a sua

Depois desse dia, o movimento "camisa-verde" não teve mais ânimo para exibir tão ambiciosas pretensões em suas aparições em São Paulo.

APROXIMA-SE O FIM

A batalha prosseguia. Os integralistas contavam com alguns elementos que não são tão covardes como nós próprios os qualificamos mais por inimizade e desprezo (justificados) do que por amor à verdade. Esse grupo continuava a atirar e ainda não tinha abandonado a Praça. Finalmente se retirou, seguindo pela Rua Senador Feijó e atingiu o Largo de São Francisco enquanto a maioria dos gloriosos milicianos fugia a toda velocidade da Praça, por todas as direções da cidade. À tarde, à noite, nos dias seguintes, são recolhidas camisas verdes largadas pelos seus donos em lugares os mais distantes da cidade: no Paraíso, na Vila Mariana, no Cambuci, na Lapa, no Pari, no Brás, enfim, em toda a cidade. Foi a grande fuga que passou a ser denominada daí por diante de a "revoada dos galinhas verdes". Mas o grupo que foi para o Largo de São Francisco, protegido a essa altura pela polícia, que bloqueou todas as suas entradas com contingentes fortemente armados, exigia a continuação do comício. Queria a todo o custo realizar a comemoração de seu segundo aniversário nem que fosse com os remanescentes estropiados de seus poucos milicianos dispostos a brigar.

Entretanto, a polícia resolveu proibir definitivamente a continuação da manifestação e obrigou os integralistas a evacuar o Largo de São Francisco. Plínio Salgado, que não arredara pé da proteção da sede da AIB, começou a derramar as suas lamúrias a partir desse momento.

Dispersados os integralistas, a Praça da Sé ficou deserta. Tinham sido "quatro horas de ditadura do proletariado", segundo

---

Página 88: Detalhe da capa da edição de setembro de 1933 do jornal *A Plebe*.

disse mais tarde o militante Anton Machek. Os milicianos barrete vermelho da polícia especial ocuparam toda a área brandindo seus característicos cassetetes e seus fuzis-metralhadoras, sob o comando do capitão Kauffmann, um emigrado húngaro partidário do ditador fascista Horty, servindo nas fileiras da polícia getulista. Pouco antes, eu havia voltado ao Taco de Ouro. Os feridos e os mortos haviam sido transportados para os hospitais da Santa Casa. No interior do salão de sinuca, um jovem militante comunista de quem nunca consegui saber o nome chorava pela morte de Décio Pinto de Oliveira. Entre lágrimas, disse-me que tudo estava bem com Arnaldo e Noé Gertel. Abracei-o e me retirei.

No dia seguinte, acompanhei o enterro de Décio, segurando a alça de seu sarcófago, durante a maior parte do trajeto, que fizemos a pé da residência de sua mãe, na Avenida São João, até o Cemitério da Consolação. No ato do sepultamento pronunciei um breve discurso, saudando o seu heroísmo e a sua dedicação à luta que o havia feito alinhar-se a todos os companheiros, sem restrições. Saí do cemitério antes de Hermínio Sacchetta terminar a sua saudação e não ouvi a do líder socialista Zoroastro Gouveia. Dei umas voltas pela cidade e dirigi-me à Santa Casa para visitar Mário Pedrosa e os demais feridos. Fui preso antes de chegar à porta do hospital. No interrogatório, ao responder a pergunta sobre minha participação nos acontecimentos, declarei que não sabia de nada. Eu apenas havia passado pelo Largo de São Bento e seguido adiante. Anos depois, um solerte militante não sei de que facção do suposto movimento de "esquerda" que continua se apresentando como "o representante exclusivo do povo", mostrava a cópia desse depoimento, obtida por favor da Polícia de São Paulo (nem sempre tão generosa) como prova de que eu não tinha nada a ver com o dia 7 de outubro de 1934.

São Paulo, 4 de outubro de 1984.

Página 91: Desenho de George Grosz na capa do jornal *O Homem Livre* de junho de 1933.
Páginas 92 e 93: Integralistas, depois de mais uma sova.

NOTAS

1   Nota desta edição: Presídio improvisado em uma fábrica no bairro do Belenzinho, na Zona Leste da cidade de São Paulo. Famoso como centro de tortura durante a década de 1930.

2   Nota desta edição: Lembre-se, leitor, que a primeira edição deste livro foi publicada em 1984.

3   Não se critica a participação dos operários nos sindicatos organizados e manipulados pela ditadura, pois era esse o espaço disponível, único e obrigatório, na estrutura sindical, mas a justificação dada pelo PCB à suposta necessidade de desmobilizar parte da ação sindical quando em confronto com o "capital progressista nacional".

4   Leia-se o "Prefácio" de Paulo Sérgio Pinheiro, in Moisés VINHAS, O Partidão, São Paulo, Hucitec, 1982, pp. XII-XIII, e, no texto, pp. 70-71, a crítica ao levante de 1935, a chamada "Intentona Comunista", talvez o erro mais grave perpetrado pelo PCB em toda a sua história.

5   Para isso, ver Edgard CARONE (org.), O PCB - 1922 a 1943, São Paulo, Difel, 1982; Boris KOVAL, História do proletariado brasileiro - 1875 a 1967, São Paulo, Alfa-Ômega, 1982; Internacional Comunista, El VI Congreso de la Internacional Comunista, México (DF), Pasado y Presente, 1977; Ricos POULANTZAS, Fascismo e ditadura, São Paulo, Martins Fontes, 1978; Leon TROTSKY, Revolução e contrarrevolução na Alemanha, São Paulo, Unitas, 1953, e L'Internationale Communiste après Lenine, Paris, Rieder, 1930; e Fernando CLAUDIN, La crisis del movimiento comunista, Barcelona, Ruedo Ibérico, 1977.

6   "Nenhuma organização ou partido pode arrogar-se – escreve Mário Pedrosa em artigo publicado em Vanguarda Socialista nº 7 de 12 out. 1946 – o mérito de ter conseguido sozinho aquela mobilização formidável de trabalhadores. Ali, o que se viu foi a vitória da ação comum de todos para um objetivo prático, concreto e imediato."

7   *Antifascistas italianos, agrupados em torno do professor Antônio Piccarolo no jornal La Difesa; membros do Grupo Giacomo Matteotti; elementos como o ex-deputado italiano exilado Francesco Frola; os integrantes da sociedade mutualista Lega Lombarda e o militante de esquerda Goffredo Rosini; um grupo alcmão que mantinha grande discrição, mas era representado pelo operário metalúrgico Rudolf Lepsky (mais tarde deportado para a Alemanha, mas que se salvou da prisão por ter saltado do navio em que era transportado, no porto de Le Havre, de onde os trabalhadores franceses o resgataram); o grupo húngaro, de que faziam parte Rudolf Lauff e Anton Machek (que passaram a militar na LCI), além de outros, que guardavam a mais estrita clandestinidade.*

8   *"O Comitê Central do PC era contra a frente única. Mas eu ia lá obedecer àqueles cretinos burocratas? Ao fazer esta reunião com outras organizações eu cometi uma verdadeira heresia", diz Hermínio Sacchetta (que na ocasião era Secretário Geral da Regional de São Paulo do PCB) a Paulo Sérgio Pinheiro e Ângela Ziroldo, em entrevista sobre o acontecimento, publicada a 10 de outubro de 1979, na revista ISTO É.*

9   *É tão abundante a literatura stalinista sobre esse aspecto de sua política liquidacionista do movimento operário e de dedicado apego à colaboração de classe (de ontem e de hoje) que dispensa citar fontes de referência. Ela ocupa literalmente quilômetros de estantes nas bibliotecas especializadas. Com referência aos anarquistas, o problema se ligava aos seus princípios, que rejeitavam qualquer tipo de disciplina organizatória.*

10   *A edição foi de Mário Pedrosa, um dos fundadores da Unitas, editora paulista pioneira na publicação da literatura marxista no Brasil. Dirigida por Salvador Pintaúde, publicou Marx, Lênin, Trotsky e Rosa Luxemburgo, mas também o anarquista Kropotkin.*

11   *Estavam presentes Mário Pedrosa, Lívio Xavier, Aristides Lobo, Manoel Medeiros, Anton Machek e Fúlvio Abramo.*

12   *Pierre Broué, historiador francês, enviou-me carta em que transcreve dados que lhe foram fornecidos pela polícia italiana e que são os seguintes: "Nascido em Iesi (AN) na província de Marche, em 23 de março*

de 1899. *Estudante de pedagogia na Universidade de Roma, não conclui os estudos; ganha a vida comerciando madeira; inscreve-se no Partido Socialista Italiano e milita depois no PCI clandestino; chega ao Rio de Janeiro em maio de 1929, procedente de Marselha. No dia 16 de julho de 1934, é preso pela polícia de São Paulo por exercer propaganda comunista e, levado à fronteira com o Uruguai, é expulso como indesejável; supõe-se que, em outubro de 1934, tenha passado para a Argentina; voltou clandestinamente ao Brasil, sendo preso em julho de 1937 e detido no cárcere do Maria Zélia, em São Paulo. De acordo com relatórios do Consulado da Itália, Rosini, em 1942, vivia ainda em São Paulo, onde militava na frente antifascista dirigida pelos comunistas." Até aí, a informação da polícia italiana. Pierre Brouć indaga nessa carta se esse suposto Rosini que voltou em 1942 não seria talvez outra pessoa que utilizava seus documentos (pois a GPU usava frequentemente esse método). Mário Pedrosa, durante seu exílio nos Estados Unidos, obteve ainda a informação, oficial nos meios oposicionistas àquela época, que Rosini conseguiu transferir-se para a Espanha, onde se engajou na luta contra Franco, nas Brigadas Internacionais. Ferido, segundo ainda a informação, foi levado a um navio-hospital soviético, de onde foi transportado a Odessa. Tendo revelado sua condição de trotskista a uma enfermeira, teria sido preso e fuzilado naquele porto soviético.*

13 *O Partido Socialista Brasileiro de São Paulo foi fundado por grupo de "tenentes" de 1930, que se haviam separado tanto da facção que apoiara Getúlio Vargas como da que seguira a trajetória de Luís Carlos Prestes. Em manifesto lançado a 4 de novembro de 1933, o PSB diz que para resolver os problemas do Brasil "urge a racionalização do poder e da economia, perfeitamente possível só em regime socialista". Dizia ainda o PSB que "constatando a luta de classe e buscando extingui-la de futuro tem como finalidade a coletivização do capital agrícola e industrial". E continuava: "Antes, entretanto, de como força incontrolável, alcançar o poder, pugnará por todas as medidas tendentes a melhorarem a sorte do proletariado e da classe média, etc." Foram seus criadores Valdomiro Lima, Miguel Costa, Francisco Giraldes Filho, João Cabanas, todos tenentes e ex-companheiros de Prestes na famosa "Coluna", até a sua emigração para a Bolívia, em fins de 1926. Juntaram-se a eles Zoroastro Gouveia, Waldemar Godói, Joaquim Ferreira e outros. Para o texto integral acima citado, veja-se "Manifesto do PSB de São Paulo", de 4/11/33.*

14 Geraldo FERRAZ, *Depois de tudo: memórias*, Rio de Janeiro, Paz e Terra/Secretaria Municipal de Cultura de São Paulo, 193-, pp. 105-107.

15 Ver declarações de Hermínio Sacchetta em Isto É, de 10/10/79, e de Darcy Ribeiro em O Estado de S.Paulo de 25/3/79.

16 *Além da atuação legal no sindicato nas tarefas específicas deste, por exemplo, representação dos comerciários na discussão sobre mudança de horário de trabalho, que os patrões exigiam prolongar por mais uma hora (veja-se nota no suplemento da Folha da Manhã de 7/10/34, p. V, em que meu nome é citado como representante dos empregados numa reunião realizada alguns dias antes, na sede federativa da categoria).*

17 *O Grupo A (Lélia Abramo, Fúlvio Abramo, Azis Simão, Ariston Rusciolelli, Gastão Massari, Tibor, "Aristeu" e outros) havia ingressado no PSB após laboriosas discussões, em que ficou estabelecido que o Grupo manteria sua posição de comunista opositor de esquerda, sua filiação à LCI e era "abrigado" para suas tarefas legais. A confiança deste partido nos militantes trotskistas foi mantida e reforçada quando do desenvolvimento de campanhas políticas do PSB, como, por exemplo, a campanha eleitoral de Zoroastro Gouveia, de que participei ao lado do militante comunista (do PCB), também "abrigado" legalmente, Marcelino Serrano. Uma antecipação, mas com outros parâmetros de lealdade e eficiência, daquilo que ocorre hoje nos vários partidos legais existentes.*

18 *Da exposição de Aristides Lobo sobre as bases para a construção da Frente Única Antifascista resultou o seguinte estatuto:*

1 - Sob a denominação de Frente Única Antifascista coligam-se em São Paulo, sem distinção de credos políticos ou filosóficos todas as organizações antifascistas, com estes objetivos comuns:

a) Combate às ideias, ao desenvolvimento e à ação do fascismo;

b) Luta pela mais ampla liberdade de pensamento, reunião, associação e imprensa;

c) Reivindicação de garantia do ensino leigo e da separação da Igreja do Estado.

d) Formação de um bloco unitário de ação contra o fascismo.

2 - Todas as organizações coligadas conservarão a sua plena autonomia e inteira liberdade de crítica. Os atritos que se verificarem entre as organizações fora da esfera da ação antifascista nunca poderão servir de motivo para o rompimento da Frente Única. A estabilidade desta será garantida por programa comum de ação, em cujo desenvolvimento não se ferirão os pontos de divergência ideológica existentes entre as organizações coligadas". (O Homem Livre, n° 6, de 2/7/34).

19   NESTOR REIS, médico especializado em moléstias pulmonares. Nasceu em Porto Alegre em agosto de 1897 e formou-se profissionalmente na Faculdade de Medicina da cidade natal. Transferiu-se para Xavantes, interior de São Paulo, em 1924, passando depois a residir na capital paulista até o fim de seus dias, no mês de maio de 1960. Socialista convicto, era amigo de todos os que lutavam contra a reação e o fascismo e não dava muita importância às tendências em luta. Tinha amigos dedicados em todas as fileiras dos partidos esquerdistas de então, a quem dispensava proteção e ajuda na medida das necessidades. Foi por sua mediação e apoio que os companheiros Mário Pedrosa, Plínio Mello e Victor de Azevedo Pinheiro puderam ser tratados de suas doenças pulmonares em Campos do Jordão, para onde enviou-os e onde auxiliou a mantê-los até a cura que felizmente obtiveram. Também a mim, Nestor Reis prestou ajuda e dispensou cuidados, quando em 1931, acometido de grave inflamação pulmonar, tive de ser submetido a um regime de superalimentação: foi o dr. Nestor que me proporcionou os meios materiais para tratar-me, desde os alimentos até os medicamentos. Nestor Reis deixou viúva, d. Rute Fernandes Reis, e dois filhos, Luiz Carlos e Nestor Reis.

20   Tomando como modelo a legislação corporativista do Estado fascista de Mussolini, Getúlio Vargas propiciara a representação por grêmios profissionais, em lugar do sufrágio universal e direto. Criaram-se, assim, as "representações de classe", personificadas nos "deputados classistas" da Assembleia Constituinte. Armando Laydner pertencia a essa categoria.

21   Frente Única do Proletariado, dirigida por Joaquim B. de Holanda Cavalcanti; Fenix Caixeral, jornal Flama, todos de Fortaleza, Ceará; Comitê da Mocidade Antifascista de João Pessoa; Liga dos Direitos Humanos, de Porto Alegre; Associação de Frente Única Antifascista de Belo Horizonte; União dos Trabalhadores da Bahia; Comitê de Frente Única de Niterói; Ação Republicana, de Pernambuco, e Associação dos Trabalhadores de Bauru, São Paulo.

22   A convocatória para o dia 1° de Maio dizia: "seja qual for a conjuntura econômica ou política sob a dominação da burguesia, o 17 de Maio deve soar, para todos os trabalhadores de todos os países, como um chamamento à arregimentação de suas forças, como uma tomada de posições, cada ano reafirmada no campo de luta".

E, mais adiante: "Os sindicatos de São Paulo, oficializados, em vias de oficialização e livres, com adesão da Frente Única Antifascista, promovem para o dia 1º de Maio UMA GRANDE MANIFESTAÇÃO PÚBLICA, às 14 horas, no Páteo do Palácio das Indústrias, no Parque D. Pedro II, que será uma demonstração de consciência da classe contra A REAÇÃO CAPITALISTA SOB TODAS AS SUAS FORMAS, CONTRA O INTEGRALISMO, PELAS LIBERDADES DEMOCRÁTICAS, PELO AUMENTO DE SALÁRIOS, PELA REFORMA DAS "LEIS SOCIAIS", EXECUÇÃO E FISCALIZAÇÃO PELOS PRÓPRIOS TRABALHADORES DAS LEIS QUE BENEFICIAM O PROLETARIADO, PELO DIREITO DE GREVE, PELA LIBERDADE DE TODOS OS PRESOS PROLETÁRIOS, PELA EMANCIPAÇÃO DOS TRABALHADORES. Além das entidades citadas, assinaram, também, os sindicatos dos Empregados em Hotéis, Restaurantes e Confeitarias de São Paulo; Coligação das Associações Proletárias de Santos, congregando 18 sindicatos das áreas portuárias, de transporte rodoviário e ferroviário e de armazém. Sindicato dos Operários Metalúrgicos; dos Operários em Moinhos e Similares; dos Carpinteiros, Marceneiros e Afins de São Bernardo; dos Bancários de Santos; dos Chapeleiros de São Paulo; dos Trabalhadores na Fabricação de Gás; dos Operários em Fábricas de Bebidas de São Paulo; dos Chauffeurs de São Paulo; e grupos de oposição de mais de 16 sindicatos. Observe-se que até entidades já ligadas ao Ministério do Trabalho e portanto proibidas de "fazer política", segundo o jargão oficial, assinaram a convocação. Outros, mais de uma dezena em vias de legalização, aderiram ao comício, solicitando que seus nomes não fossem revelados. Numerosos militantes do PCB, operários e intelectuais se fizeram presentes e se associaram ao entusiasmo geral dos manifestantes.

23 Mário Pedrosa foi o orador que falou em nome da LCI. Durante sua intervenção comunicou aos manifestantes que, em consequência dos acontecimentos ocorridos na Alemanha, Trotsky e seus companheiros da Oposição de Esquerda haviam renunciado à ideia da regeneração da III Internacional e formado a IV Internacional, à qual a LCI passava a considerar-se filiada a partir daquele momento. Foi a primeira vez que se pronunciou o nome da nova entidade revolucionária em praça pública, no Brasil.

24 Nota desta edição: José Carlos Morel em seu texto "Antonio Martinez, o anarquista", sobre o veterano militante, conta uma outra versão do encontro:

"O fato é que os anarquistas não participaram da tal frente ampla. Não tinham motivos para tanto, senão vejamos: os comunistas os caçavam quotidianamente pelas ruas, os trotskistas, muitos deles egressos do PC, embora fossem fracos, não mereciam maior confiança (...)

Diante deste quadro, a resposta do Movimento Anarquista não poderia ter sido outra: faremos a unidade no domingo, na Praça da Sé. E assim foi."

25 Rudolf Lauff, nascido em Lugoj, então território húngaro (e hoje parte da Romênia), em 1831, faleceu em São Paulo, em 1964. Soldado do Império Austro-Húngaro, em 1918, caiu prisioneiro das tropas russas em 1917; com um numeroso grupo de outros prisioneiros conterrâneos, fugiu da prisão e inscreveu-se no corpo de soldados magiares que Trotsky organizou logo após a tomada do poder pelos bolcheviques e lutou sob suas ordens durante toda a luta contra os exércitos invasores. Chegou ao Brasil em 1925. Pedreiro altamente especializado, dedicou-se durante muito tempo ao conserto de cúpulas de igreja, um trabalho que demandava, na época, a importação de mão de obra estrangeira. Ingressou na Liga Comunista Internacionalista juntamente com Anton Machek, também húngaro e outros militantes do grupo linguístico germano-húngaro-romeno que simpatizavam com as posições trotskistas. Foi dos mais valorosos membros da LCI enquanto a organização atuou no Brasil.

26 Possibilidade que Getúlio Vargas estava avaliando, com a sua característica prudência e astúcia, e que estava predisposto aceitar como se pode deduzir de várias atitudes tomadas em relação ao integralismo e a seus líderes principais, caso as forças das velhas oligarquias, que ainda poderiam ameaçá-lo, apesar da sua vitória em 1932, ousassem levantar a cabeça novamente.

27 Nota desta edição: Dois relatos, baseados em lembranças de veteranos anarquistas, dão uma versão diferente para o incidente da metralhadora. Em "Sindicalismo e Anarquismo no Brasil", o professor Alexandre Samis conta:

"A 'Batalha da Praça da Sé' aconteceu em outubro de 1934, e talvez tenha sido a última grande aparição anarquista (...) Na Batalha da Praça da Sé, figuras como Juan Perez Bouzas, o sapateiro galego, Simon Radowitzky, o lendário anarquista russo, e Edgard Leuenroth deixaram suas marcas. Perez e Radowitzky partiram para a ação direta retirando das mãos da Força Pública paulista uma metralhadora que, em seguida, foi usada contra os integralistas. Leuenroth foi visto andando em meio ao sibilar das balas, altivo e destemido. (...) E os anarquistas, como afirmaria Maffei, 'na luta se cobriram de glória'."

Um problema com essa versão é que, mesmo levando em conta que o ucraniano-argentino Simon Radowitzky chegou a fazer algumas viagens para o Brasil nos anos 30, parece pouco provável que ele, naquele momento em um exílio muito precário no Uruguai e muito vigiado pela polícia, tenha se envolvido (e de maneira tão aberta) nessa Batalha em São Paulo.

No seu texto "Antonio Martinez, um anarquista", José Carlos Morel diz que quem acompanhou Juan Perez foi um anarquista chamado Stepanovitch (como o malicioso terrorista de Os Demônios, de Dostoievski):

"... os operários exporiam necessariamente sua retaguarda ao ninho de metralhadoras e seriam facilmente varridos, sob o pretexto de controlar o tumulto. Foi então que alguns companheiros mais experimentados, tendo à frente João Perez e o ucraniano Stepanovitch, propuseram-se a assaltar o ninho, o que conseguiram com sucesso e discretamente. Garantidos em sua retaguarda puderam deste modo dar sequência a sua tática. Os integralistas, confiantes no seu escudo humano e no apoio tácito das forças da ordem, foram apanhados em uma ratoeira. Contava o companheiro Martinez que depois de uns dez minutos de tiroteio começaram a debandar, alguns até 'esquecendo' mulher e filhos."

Esse Stepanovitch poderia ser Ossef Stepanovetchi, citado em alguns textos como um ativista anarquista ucraniano muito ativo nas comunidades russas brasileiras da década de 20.

SURPRESA: A PM APOIA A ESQUERDA

Hermínio Sacchetta

Hermínio Sacchetta (São Paulo, 1909-1982) foi, nas palavras de Cláudio Abramo, "durante muitos e muitos anos um dos melhores e mais importantes chefes de redação que o jornalismo de São Paulo produziu". Em 1934, Sacchetta dirigia o Comitê Regional do Partido Comunista de São Paulo. Foi expulso do PC em 1937, acusado de fracionismo trotskista. E, de fato, passou a ser um dos principais dirigentes trotskistas brasileiros, ajudando a fundar o Partido Socialista Revolucionário. Em 1979, deu o seguinte depoimento para Paulo Sérgio Pinheiro, Ângela Ziroldo e Maurício Dias, publicado na edição de 10 de outubro de 1979 da revista *Isto É*.

O INÍCIO DE tudo foi um manifesto distribuído na cidade inteira, convocando a população para uma manifestação popular no dia 7 de outubro. Esse manifesto foi feito em uma reunião em que compareceram representantes de todas as organizações que assinaram o documento. Algumas expressivas e outras menores. Foram elas: Partido Comunista do Brasil, Liga Comunista Internacionalista, Sindicado dos Empregados do Comércio, Federação da Juventude Comunista, Partido Socialista Brasileiro, Socorro Vermelho Internacional, Coligação dos Sindicatos Proletários de São Paulo, União dos Alfaiates e Anexos, Coligação Proletária de São Paulo, Comitê de Luta Contra as Guerras Imperialistas, a Reação e o Fascismo, Comitê da Mulher Trabalhadora, Liga Contra os Preconceitos da Raça e Religião, Comitê Estudantil de Luta Contra as Guerras Imperialistas.

O Comitê Central do PC era contra a frente única. Mas eu ia lá obedecer àqueles cretinos burocratas? Ao fazer essa reunião com outras organizações, eu cometi uma verdadeira heresia. Naquela época, até cumprimentar trotskista era proibido pelo artigo 13 dos estatutos do partido. Mas eu não dei confiança para eles e o Partido Comunista é quem tomou a iniciativa de convocar essa reunião. Nós tínhamos o maior número de militantes e éramos a organização mais forte. O Partido Comunista, em São Paulo, se considerarmos os militantes, aparelhos, ativistas e frações sindicais e de organização de massa, tinha, falando honestamente, de 1.500 a 2.000 pessoas. Não mais que isso, ainda que fosse uma organização altamente militante.

Nessa reunião, eu representava o Partido Comunista do Brasil. Os socialistas eram representados pelo famoso tenente Cabanas, um homem com uma tradição de luta desde 1924. Ele participou bravamente da batalha do Largo da Sé. Não só participou, como, dado o seu prestígio, foi capaz de ganhar a Polícia Militar, que na hora do entrevero ficou praticamente do nosso lado, contra os integralistas.

Há um episódio interessante com os anarquistas. Quando falamos em frente única, um dos anarquistas me respondeu:

Páginas 104 e 105: Hermínio Sacchetta

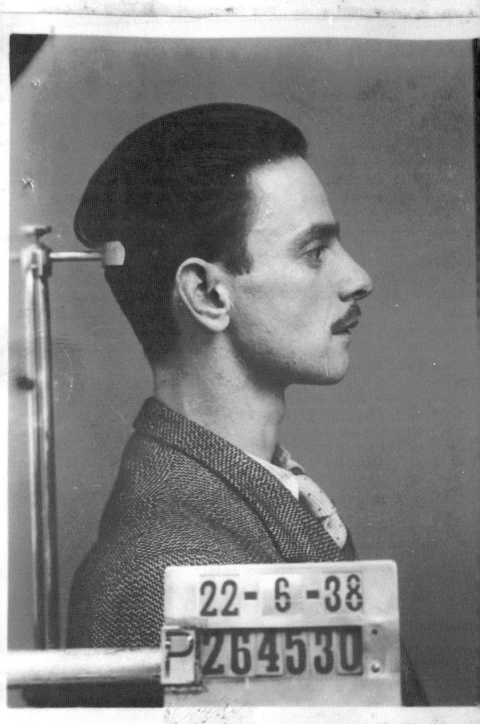

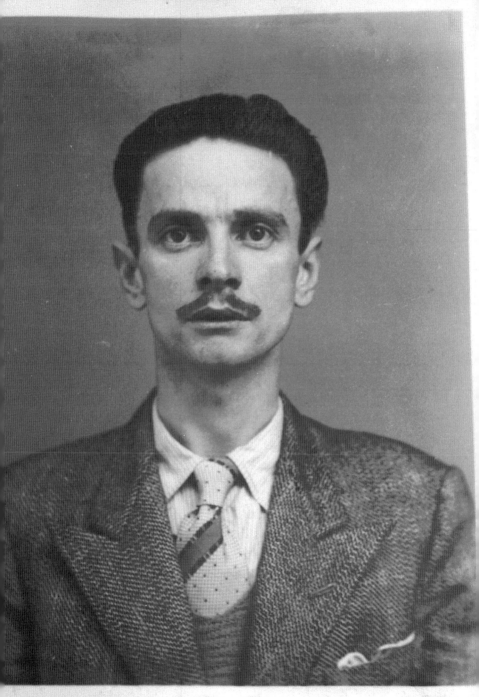

"*Nosostros hacemos el frente único en la calle*". Não sei se foi o Soler ou o Hermínio. Aí eu falei: "Bem, companheiro, é com esta conversinha que nós entramos bem sempre." Aí nós resolvemos ir para a Praça da Sé fazer a contramanifestação. No dia eu subi no pedestal do relógio e comecei a falar, dando a palavra de ordem para contra-atacar. Os integralistas vieram pela Brigadeiro Luís Antônio todos uniformizados. Eles se fizeram preceder por corpos da Guarda Civil compostos por milicianos que procediam dos países bálticos. Eram verdadeiras feras, que iriam constituir a linha de defesa deles junto à catedral. Da nossa parte, também tínhamos a simpatia da força policial. O comandante da força policial, se não me engano, era Miguel Costa, um velho combatente da Coluna Prestes que era medularmente antifascista. De modo que os cavalarianos que se apresentaram não foram para atacar os comunistas. De modo nenhum. Estavam armados de clavinotes e aguentaram direitinho. Mas os integralistas haviam colocado crianças e as mocinhas fantasiadinhas na praça. Uma indignidade que nos constitui um problema, pois não podíamos abrir fogo com aquele bando de mocinhas uniformizadas na escadaria da catedral. Aí esperamos que as legiões uniformizadas chegassem. Demos uns tiros, as mocinhas se dispersaram e aí o tiroteio começou. Seria uma derrota terrível para todas as forças antifascistas se permitíssemos que os integralistas realizassem sua concentração no coração da cidade. Por isso armamos todos os dispositivos e demos-lhes uma surra que se repetiria em 1937, na Avenida Paulista, quando promoveram outra passeata. Foi no dia 19 de julho de 1937. Mas dessa vez só participou o PC.

QUATRO HORAS DE DITADURA DO PROLETARIADO

Mário Pedrosa

Mário Pedrosa (1900-1981), um dos principais críticos da arte brasileiros - defensor de diversos movimentos de vanguarda e curador da 2ª Bienal de Arte de São Paulo - foi também o principal responsável pela introdução do trotskismo no país, no final da década de vinte. Foi o filiado número 1 do PT. Este é seu depoimento para Paulo Sérgio Pinheiro, Ângela Ziroldo e Maurício Dias, publicado na edição de 10 de outubro de 1979 da revista *Isto É*.

SÃO PAULO – com a vitória da Aliança Liberal, 1930 – tornou-se o centro de convergência de todos os movimentos de esquerda criados no Brasil. Os comunistas foram para São Paulo. Os anarquistas começaram também a se concentrar em São Paulo. Nasceu um partido socialista de caráter reformista. E nós, trotskistas, criamos a Liga Comunista Internacionalista. Houve também nesta época uma reorganização do movimento sindical, destruído por Washington Luís, para quem a questão operária era um caso de polícia.

Partiu de nós, trotskistas, a iniciativa de propor uma frente única antifascista, baseando a luta em dois objetivos: defender a autonomia sindical, ameaçada pela legislação estabelecida por Lindolfo Collor e não permitir que os integralistas ganhassem a rua e ocupassem espaços no movimento operário.

Os comunistas, em princípio, se recusaram a tomar parte na frente. Tentaram fazer várias manifestações para provar a sua autossuficiência no combate ao integralismo. Mas acabaram concordando com a nossa proposta de frente única.

Todo o ano de 1934 foi marcado por conflitos de rua entre as esquerdas e os integralistas. Quando anunciaram, tanto através de sua revista *Ofensiva* como dos jornais, que pretendiam fazer, no dia 7 de outubro, uma concentração com 10 mil homens no Largo da Sé, já estávamos determinados a responder à altura.

Enquanto promovíamos o levantamento da contribuição de cada organização da frente, em termos de homens e de armas, estabeleceu-se nos jornais uma verdadeira polêmica, com notas cada vez mais violentas de parte a parte. Anos depois, durante o Estado Novo, encontrei-me em Washington com um dos protagonistas do encontro, Armando Salles de Oliveira, governador do Estado, em 1934, que, como eu, estava exilado do Brasil.

Ele me declarou que os integralistas lhe haviam pedido para proibir a manifestação devido ao agravamento de tensões, sob o pretexto de manutenção da ordem. Perguntei por que não o fez e ele me disse recear que os próprios integralistas acusassem mais tarde o seu governo de coibir manifestações por motivos eleitorais.

Páginas 110 e 111: Mário Pedrosa (à esquerda, sentado, vestido de terno branco) em uma reunião de família em 1935.

No dia 7 o Largo da Sé – onde se localizava, no edifício Santa Helena, a sede da Federação Sindical de São Paulo – foi ocupado pelo povo. A polícia depois o evacuaria, instalando uma metralhadora na porta da catedral, ainda em construção. Enquanto isso, os integralistas reuniam-se em sua sede na Brigadeiro Luís Antônio e, evacuado o largo, dirigiram-se para lá, sem qualquer pompa militar e tomando um atalho, para evitar, dessa forma, o confronto conosco, que os esperávamos na 15 de Novembro. Já nos primeiros tiros começou a debandada. Lembro-me de que havia um café num dos lados da rua Barão de Paranapiacaba onde se encontrava Décio Pinto. "Estou ferido", ele gritou para mim, que estava do outro lado da rua. Corri até ele e o segurei. Logo depois Fúlvio Abramo se aproximou e o amparou. Foi neste instante que fui ferido pelas costas. Décio Pinto acabaria não resistindo aos ferimentos.

Como resumiu muito bem Marchek, um companheiro húngaro que participou de todo o episódio, "foram quatro horas de ditadura do proletariado".

APÊNDICE
MANIFESTO DA FRENTE ÚNICA ANTIFASCISTA AO POVO DO BRASIL

AO PROLETARIADO, PRINCIPAL força da população brasileira, contra o qual se levantam as hostes sanguinárias da reação capitalista: aos trabalhadores de todas as profissões e nacionalidades, que, na indústria, no comércio e na lavoura, constituem o dínamo propulsor da economia nacional;
aos marinheiros e aos soldados, aos oficiais inferiores e a todos aqueles que no Exército e na Marinha continuam a ansiar pela vitória da grande causa da liberdade;
aos estudantes, aos jornalistas, aos escritores e poetas da nova geração, aos intelectuais que não se vendem nem se corrompem, e acompanham com a sua inteligência e a sua cultura a marcha tumultuosa do desenvolvimento social;
aos industriais, lavradores e comerciantes pobres, vítimas do regime da concorrência mercantil e da acumulação;
às camadas intermediárias da sociedade, que a demagogia fascista procura utilizar na realização dos seus propósitos sombrios;
ao grande povo do Brasil, torturado e perseguido pelo despotismo dos governos reacionários e da plutocracia financeira, através de séculos de miséria e de opressão.

A FRENTE ÚNICA ANTIFASCISTA dirige a sua saudação fraternal, na hora mais trágica que a História registra para os destinos de toda a humanidade.
Cidadãos! Homens livres! Companheiros! Camaradas!
No instante épico em que as massas populares de todos os países, sacudidas pelo desespero de uma crise econômica sem exemplo, se lançam denodadamente à luta contra os seus opressores, as forças reacionárias que constituem a reserva política da classe detentora do poder procuram destruir todas as conquistas da liberdade e da democracia, organizando tropas mercenárias recrutadas entre os elementos desclassificados da escória social,

com o fim de transformar toda a organização governamental num sistema de banditismo especialmente destinado a arrancar do povo todos os recursos de luta e de defesa.

Para opor uma barreira de resistência a esse fenômeno mundial que obedece ao denominador comum de FASCISMO, é que se coligaram em São Paulo todos os partidos políticos, sindicatos operários e organizações jornalísticas que continuam a sustentar, nas linhas dos seus programas, a reivindicação da mais ampla liberdade de pensamento, reunião, associação e imprensa, sem restrições de qualquer natureza.

A consolidação do fascismo na Itália, a vitória dos nacional-socialistas alemães e as combinações que, nos diferentes países, se vêm fazendo dos meios legais da democracia com os processos tenebrosos das milícias mussolinescas, tornam cada vez mais premente a necessidade de uma ação comum contra o inimigo que nos ameaça.

No Brasil, se bem esse fenômeno não resulte diretamente de condições objetivas locais, dado o atraso lamentável em que ainda se encontra o movimento operário, existem, entretanto, outros fatores bastante ponderáveis que nos levam a considerar, não só como provável, mas como perfeitamente lógico o triunfo de uma aventura fascista ou fascistizante, se não forem tomadas medidas práticas em tempo para uma contraofensiva. E, verificada a existência desses fatores, entre os quais se encontra, em primeiro plano, o caráter mundial da economia capitalista, determinando, na situação de crise generalizada, a necessidade de uma política mundial correspondente, o baixo grau de organização da massa trabalhadora, diante da repercussão do fenômeno em nosso país, só pode constituir um obstáculo à ação de resistência.

O fascismo conta, entre nós, não só com a oportunidade internacional que lhe favorece a expansão, como também possui ainda o auxílio moral e material das agências consulares dos países fascistas e dos elementos fascistas estrangeiros que tivemos a desgraça de importar e que o aporiam dentro das suas respectivas colônias. É o que explica o relativo êxito que vem tendo, em vários estados e no próprio coração da capital da República, a organização de seus bandos militarizados.

Conta, além disso, o fascismo brasileiro com um aliado natural, que o sustentará no momento preciso e que, por sua incontestável influência sobre as camadas retardatárias da população, torna ainda maior a gravidade do problema. Queremos referir-nos à Igreja Católica. Esta, como se sabe, foi sempre uma força reacionária em todas as transformações sociais do passado, colocando-se invariavelmente como Instituição parasitária, ao lado da classe dominante. Daí a necessidade vital para ela de readaptar-se às novas situações criadas, aproximando-se, depois dos fatos consumados, de cada nova classe detentora do poder. Ora, acontece que no atual estágio do desenvolvimento histórico, a Igreja compreende a impossibilidade de adaptar-se ao sistema social que sucederá ao capitalismo, uma vez que, com o desaparecimento das classes se tornará praticamente impossível a sobrevivência de toda e qualquer instituição partidária. Eis porque, continuando, como no passado, a defender sempre a classe que se encontra no poder, a Igreja Católica se vê obrigada a utilizar os recursos extremos, os "remédios heroicos", para a salvação da burguesia. Trata-se sim, para ela, de uma questão de vida ou morte, pois tem um grande poder de discernimento e uma velha experiência política para compreender, com relativa facilidade, que a questão do desaparecimento do capitalismo está ligada à do seu próprio desaparecimento.

Como vemos, existem condições de ordem política, e mesmo material, a demonstrarem que não são de todo vãs as esperanças dos fascistas brasileiros. E é a consideração desses fatos que põe na ordem do dia, com mais força e oportunidade do que nunca, o problema da luta contra o fascismo.

Entre nós, onde a capacidade de resistência do proletariado revolucionário é ainda muito reduzida, a política de frente única se apresenta, por isso mesmo, como o único recurso de defesa. Esta verdade elementar foi compreendida, ainda em tempo, por um grande número de organizações de São Paulo, que, sem abdicarem de seus programas próprios e sem perda de sua autonomia e liberdade de crítica, resolveram unir-se contra o inimigo comum, numa sólida Frente Única Antifascista, cujos princípios básicos são os seguintes:

"1. - Sob a denominação de Frente Única Antifascista coligam-se em São Paulo, sem distinção de credos políticos ou filosóficos, todas as organizações antifascistas, com estes objetivos comuns:

"a) combate às ideias, ao desenvolvimento e à ação do fascismo;
"b) luta pela mais ampla liberdade de pensamento, reunião, associação e imprensa;
"c) reivindicação da garantia do ensino leigo e da separação da Igreja do Estado;
"d) formação de um bloco unitário de ação contra o fascismo.

"2.- Todas as organizações coligadas conservarão a sua plena autonomia e inteira liberdade de crítica. Os atritos que se verificarem entre as organizações, fora da esfera da ação antifascista, nunca poderão servir de motivo para o rompimento da Frente Única. A estabilidade desta será garantida por um programa comum de ação, em cujo desenvolvimento não se ferirão os pontos de divergência ideológica existentes entre as organizações coligadas".

Cidadãos! Companheiros!

O fascismo significa a miséria, a opressão, o espezinhamento das consciências. Começa por destruir todas as organizações do proletariado e acaba por se tornar o senhor absoluto, "integral", que não respeita ideologias, que não admite divergências. Nem comunistas, nem socialistas, nem anarquistas, nem democratas, poderão existir sob o seu jugo. Fere e amordaça, esmaga e assassina. As escolas, as universidades, a imprensa, as instituições administrativas e científicas - tudo, sem exceção, obedece ao seu controle e ao seu domínio. Não existe garantia de qualquer espécie, nenhuma segurança se oferece aos cidadãos. Os domicílios são violados, os lares constantemente invadidos para as perquisições. O homem do povo fica reduzido à situação de um animal acorrentado, que não fala nem pensa, nem escreve, nem trabalha, senão sob o chicote dos seus verdugos. A dignidade humana, a fraternidade, a ligação confiante entre os homens, desaparecem.

Cada indivíduo vê no seu semelhante um inimigo e um espião que o entregará, na primeira oportunidade, à ferocidade dos governantes. O fascismo é a morte certa para os que protestam e a volta à barbárie para os que ficam. Acima de quaisquer interesses de classe, ele é, essencialmente, desumano e anti-humano.

É o problema da legítima defesa de todo um povo o que se coloca recentemente diante de nós. Lutar contra o fascismo é, no sentido mais literal, lutar pela própria existência.

Cidadãos!

Organizemos, em todo Brasil, a Frente Única Antifascista! Consagremos o dia 14 de julho como a primeira jornada contra o fascismo internacional!

Lutemos corajosamente, com a nossa consciência e com a nossa vontade, contra o inimigo comum!

Abaixo o fascismo!

Viva a liberdade!

São Paulo, 14 de julho de 1933
A FRENTE ÚNICA ANTIFASCISTA
(*O Homem Livre* n. 8, de 17/07/33)

FRENTE ÚNICA ANTIFASCISTA. ORGANIZAÇÕES QUE RESPONDEM AO NOSSO APELO. DA LIGA COMUNISTA INTERNACIONALISTA (BOLCHEVIQUE-LENINISTA).

A LIGA ASSIM se pronuncia:
"Ao Jornal antifascista *O Homem Livre.*

Companheiros antifascistas,

A Comissão Executiva da Liga Comunista (bolchevique-leninista) vem, por meio desta, responder à interpelação feita pelo vosso órgão às organizações que aderiram à "Frente Única Antifascista".

A Liga Comunista declara que não desertou e não desertará nunca da luta contra o fascismo e que está pronta a reiniciar desde já a atividade antifascista dentro da F.U.A. E aproveita a ocasião para juntar ao vosso, o seu apelo último às organizações que aderiram à F.U.A., e que tornaram assim, perante as massas proletárias, um compromisso de honra de lutar em frente única contra a reação e o fascismo. As organizações que abandonarem o campo da luta antifascista e pelas liberdades democráticas deverão ser desmascaradas e denunciadas ao povo como organizações tapeadoras e desertores.

As bases sobre as quais se ergueu a F.U.A. estão de pé. Na defesa dessas bases puramente democráticas, a Liga Comunista está mais do que nunca disposta a marchar de mãos dadas com as organizações proletárias e pequeno-burguesas que queiram lutar.

Viva a Frente Única Antifascista!

São Paulo, 15 de setembro de 1933
A Comissão Executiva da Liga Comunista
(*O Homem Livre*, n. 15, de 23/9/33, p. 1)

O PCB CONVIDOU OS PARTIDOS DE ESQUERDA E OS SINDICATOS OPERÁRIOS PARA UMA FRENTE ÚNICA ANTIFASCISTA

Domingo será realizada uma demonstração pública do protesto contra o desfile do integralismo.

O secretariado do Comitê Regional de São Paulo do Partido Comunista do Brasil dirigiu ontem à noite um convite ao Partido Socialista, ao Partido Trabalhista, à Liga Comunista (trotskista), à Coligação dos Sindicatos Proletários, à Federação Operária, à Confederação Geral do Trabalho do Brasil, aos Sindicatos Autônomos, a todas as organizações populares antiguerreiras, antifascistas e estudantes para uma demonstração sob a bandeira da frente única, de combate ao fascismo, à guerra e à reação conservadora, no próximo domingo.

Esse partido de extrema-esquerda passa em revista os últimos acontecimentos, cita violências governamentais contra as classes trabalhadoras, refere-se ao empenho das autoridades em conservá-lo na ilegalidade e diz que nessas condições a liberdade concedida aos integralistas para o desfile de suas milícias militarizadas lhe parece uma afronta ao proletariado.

Nesse convite, o PCB se propõe levar a cabo essa demonstração com as seguintes palavras de ordem: "Pela dissolução e desarmamento dos corpos fascistas, integralistas, evolucionistas, legionários etc. Pela liberdade imediata e anistia ampla para todos os presos e deportados por questões sociais, de luta por pão, terra e liberdade. Pela liberdade ampla de reunião, palavra, imprensa e organização para o proletariado e as massas populares. Contra a cassação do direito de greve e contra a pluralidade sindical. Pela existência pública e legal de todas as organizações proletárias, mesmo as de combate ao regime atual" – o que é – acrescenta - apenas uma pequena parte do seu programa de reivindicações.

A reunião convocada para tratar-se do caso realiza-se amanhã, em local e hora a serem determinados.

Essa demonstração seria o começo de uma frente única duradoura.

(*A Platéa*, 4/10/1934)
Ao contrário do que afirma o articulista, a demonstração não foi o começo da uma frente única duradoura, mas o epitáfio do seu sepultamento, orquestrado pela política da "Frente Popular", corporificada na criação da Aliança Nacional Libertadora (ANL), que acabou promovendo o "putsch" de 1935 e facilitando a Getúlio a formação do Estado Novo. (F.A.).

AO PROLETARIADO E A TODO O POVO OPRIMIDO

Operários e camponeses comunistas, anarquistas, socialistas, legionais Miguel-Costistas, anarcossindicalistas, prestistas e sem partido. Trabalhadores manuais e intelectuais de todos os credos políticos e religiosos, de todas as nacionalidades. Pequenos comerciantes! Pequenos funcionários públicos! Pequena burguesia pobre! Sindicatos de todas as tendências! População oprimida! Contra o fascismo sob todas as formas, compareçamos em massa à contramanifestação popular do dia 7!

Para impedir que os bandos massacradores dos integralistas, inimigos do proletariado e das massas populares, agentes do capitalismo, realizem o desfile do dia 7, as organizações abaixo-assinadas convidam toda a população para responder com uma patente manifestação antifascista que deve ser realizada às 3 horas no largo da Sé, nesse mesmo dia.

As organizações abaixo-assinadas comprometem-se a levar a efeito, dentro de uma ação conjunta, essa contramanifestação a fim de exigirmos:

A dissolução e desarmamento imediato das organizações fascistas (integralistas, evolucionistas, legionários, polícias de choque etc.)!

Liberdade imediata e anistia ampla para todos os presos deportados por questões sociais!

Ampla liberdade de reunião, palavra, imprensa e organização para o proletariado e as massas populares.

Direito de greve; autonomia e unidade sindical contra a pluralidade sindical. Pela existência pública e legal de todas as organizações proletárias, mesmo as de combate ao regime atual!

Todos à grande manifestação do dia 7 para demonstrarmos, concretamente, ódio e repúdio ao fascismo.

Coligação dos Sindicatos Proletários de São Paulo
Sindicato dos Empregados no Comércio
União dos Alfaiates e Anexos
Partido Socialista Brasileiro

Liga Comunista Internacionalista
Coligação Proletária de São Paulo
Comitê das Mulheres Trabalhadoras
Comitê de Luta Contra as Guerras Imperialistas, a Reação e o Fascismo
Liga Contra os Preconceitos de Raças e Religiões
Socorro Vermelho Internacional
Federação da Juventude Comunista
Partido Comunista do Brasil (S. da I.C.)

(Panfleto distribuído no dia 6/10/1934 e publicado no *Estado de S. Paulo*, de 9/10/1934)

O FRACASSO DA POLÍTICA DE FRENTE ÚNICA E OS RESPONSÁVEIS POR ELE

A vitória alcançada pelo proletariado de S. Paulo sobre os fascistas em 7 de outubro reconstituiu um dos maiores triunfos da luta proletária em nosso setor de luta nos últimos anos, veio mostrar claramente a necessidade de uma frente única organizada entre os partidos do proletariado. Já alguns dias antes do 7 de outubro, os partidos proletários se tinham convencido dessa necessidade e tinham entabulado negociações de frente única, para a realização da contramanifestação de 7 de outubro. Depois dessa data, porém, a massa exigia a frente única. Os stalinistas, que antes das negociações citadas tinham boicotado com todas as forças a frente única viram-se na contingência de aceitar a imposição da massa, fortalecida pelo sucesso da ação comum empreendida em 7 de outubro. Então fizeram uma brusca reviravolta e convocaram uma reunião para a formação de uma frente única de caráter permanente. A LCI logo atendeu a essa convocação, levando propostas concretas, a fim de organizar uma frente única capaz de orientar as massas na sua luta contra o fascismo. Os stalinistas, entretanto, que tinham lançado a proposta, não visavam ao mesmo fim; para eles, a frente única constituía uma manobra para arrastar no seu aventurismo as outras organizações. Assim é que mandaram para as reuniões de frente única os delegados de todos os grupos, organismos e pseudo-organizações por eles criadas e dirigidas, de modo a terem sempre a maioria nas votações e querendo tornar as decisões assim tomadas por eles obrigatórias para todos os que participassem da frente única.

Esta manobra, no entanto, era por demais evidente para que se pudesse aceitá-la. Esta claro que uma organização que deseja seguir a linha política traçada por um determinado partido adere a este e não precisa fazer frente única com ele. Uma frente única, para alcançar os objetivos que se propõe, precisa ser organizada em bases iguais para todos os partidos ou correntes políticas que dela participem. A frente única que os stalinistas queriam era pois uma nova forma, mais mascarada, de sua antiga política de frente única sob a bandeira do PCB, isto é, uma frente única consigo mesmo.

Para evitar o fracasso a que esta atitude tinha fatalmente de conduzir, apresentamos uma proposta para que o Comitê de Frente Única fosse inicialmente composto dos três partidos políticos que compareceram à reunião: o PCB, o PSB e a LCI. Mas os stalinistas rejeitaram a proposta, que não lhes convinha, pois os colocava em igualdade de condições com os outros partidos.

Por sua vez, o PSB, mostrando bem abertamente o seu caráter direitista de partido eleitoralista, impôs para sua participação na frente única a condição de que esta fosse legal, o que, na situação da política burguesa do momento, era uma condição inteiramente inaceitável e representava simplesmente uma sabotagem da política de frente única. Que se lute pela legalização de uma frente única, está certo e é mesmo necessário, mas impor uma legalização sob o ponto de vista jurídico como condição indispensável, com partidos que não são legalizados, mostra apenas que os socialistas também não queriam a frente única. Mostra que, diante dos indícios de que a burguesia preparava uma forte reação contra o movimento revolucionário proletário, o PS espera aproveitar-se disto para, como partido legal e de programa reformista, canalizar para si o movimento de massas, enquanto a polícia se encarregava de dar combate a nós. Por isso, os socialistas tomaram desde logo uma posição abertamente "legalista", com o fim de se destacarem bem, aos olhos da burguesia, dos stalinistas e dos bolcheviques-leninistas.

Devido a essa sabotagem do PS e às manobras desleais dos stalinistas, fracassou mais esta tentativa de frente única. Mais tarde, os stalinistas, tomando uma posição cada vez mais oportunista, dissolveram a frente única num amálgama confuso, abrangendo todos os terrenos e todos os objetivos do movimento operário, com a criação da Comissão Jurídica e Popular de Inquérito, à base de adesões individuais e procurando lançar mão do prestígio de certos nomes de burgueses de destaque. Essa política, que nada tem de comum com a luta de classe do proletariado, não podia ser por nós apoiada. Depois do insucesso das tentativas de comícios e greves de protesto contra a "lei monstro" organizadas pela "Comissão Jurídica e Popular de Inquérito" e pela "Frente Única Sindical", os stalinistas resolveram novamente fazer una carta aberta chamando as outras organizações para uma frente única, mas isto não foi mais do que uma repetição da manobra feita em outubro passado, com muito ligeiras variantes, e tendo resultado no mesmo fracasso, apesar de nós termos feito tudo o que foi possível fazer no sentido de estabelecer a nova frente única em bases mais sólidas.

Aliás, desta vez a iniciativa de frente única por parte dos stalinistas ainda tinha menos razão de ser, em face de sua atual política de apoio a "Aliança Nacional Libertadora". Se eles fazem uma aliança orgânica com elementos da burguesia, abandonando o seu programa por um programa nacionalista aceitável para estes elementos, a frente única está substituída com isso pela fusão, por uma fusão em bases muito mais elásticas, suprimindo o princípio marxista da luta de classes para abranger também a burguesia nacional. Em face desta política, que interesse podem ter os stalinistas em fazer frente única com organizações proletárias de existência ilegal e que se conservam fora da "Aliança Nacional Libertadora"? Só os ingênuos poderiam acreditar na sinceridade de uma tal iniciativa.

(*O Proletário* nº 1, maio de 1935, pp. 5-6)

CRONOLOGIA

1916

NOVEMBRO

PORTUGAL - É fundada a Junta Central do Integralismo Lusitano, abençoada pelo clero e inspirada nas ideias do francês Charles Maurras, ideólogo do movimento de extrema-direita Action Française. Esse integralismo português, além de nacionalista, ultraconservador e antissemita, como seu futuro equivalente brasileiro, é também monarquista. O termo "integralismo" já estava sendo usado desde 1913, como subtítulo da revista *Alma Portuguesa*, editada por monarquistas exilados na Bélgica. Mas é em 1916, com o surgimento de sua Junta Central e a definição de seus estatutos, que o movimento se transforma em organização política.

1917

RIO DE JANEIRO - Publicação de *A Defesa Nacional*, livro no qual o poeta Olavo Bilac louva a disciplina e a "educação da caserna" para todo o povo. Para Bilac, o serviço militar obrigatório "é o triunfo completo da democracia; o nivelamento das classes, a escolha da ordem, da disciplina, da coesão". Bilac inspira Ligas Nacionalistas criadas por estudantes de diversas cidades brasileiras. Entre os objetivos dessas Ligas estão "a luta contra atentados civis ou militares contra a soberania nacional" e "promover a organização e o desenvolvimento da defesa nacional pelo escotismo, linhas de tiro e preparo militar".

FEVEREIRO

02/02 - MATO GROSSO - Em Miranda, acontece a última batalha da Revolta dos Conservadores também conhecida como Caetanada (em referência ao General Caetano Albuquerque, então governador do estado), uma guerra entre duas alas do Partido Republicano Conservador do Mato Grosso. Há uma intervenção do governo federal, mas a situação só se acalma no ano seguinte, quando é escolhido o novo governador: dom Aquino Correia, bispo de Cuiabá.

12/02 - PORTUGAL - Lançamento do jornal *A Monarquia*, órgão oficial do integralismo lusitano.

MAIO

03/05 - RIO DE JANEIRO - Acontece, na Biblioteca Nacional, a sessão inicial da Conferência Judiciária Policial com a presença de convidados internacionais, do presidente da República e de seus ministros, organizada por Aurelino Leal, chefe de polícia da capital federal. O principal tema do evento é o controle e a repressão dos movimentos sociais. O relator Galdino Siqueira faz seu resumo: "manifestada que seja a greve, a intervenção da polícia deve ter lugar!". Aureliano Leal, odiado pelos anarquistas, alerta seus patrões da burguesia: "Vocês tomem cuidado! Se o proletariado decidir invadir suas casas e tomar tudo, não haverá como espingardeá-los!".

JULHO

09/07 - Greve geral em São Paulo. Cerca de 70 mil trabalhadores interrompem suas atividades. São operários, pedreiros, tecelões, marceneiros, cocheiros, eletricistas, sapateiros, alfaiates, cozinheiros, açougueiros, lavadeiras e tantos outros. A atividade industrial é paralisada. O comércio fecha as portas, e os teatros e cinemas também. Não há bondes, luz ou gás. Apesar da repressão brutal, responsável por várias mortes, a greve só termina quando os patrões aceitam dar aumento de salários e o governo liberta os grevistas presos. Em seguida, porém, o anarquista Edgard Leuenroth, do Comitê de Defesa Proletária (que liderou a greve), é preso e acusado de ser o "mentor psicointelectual" do movimento grevista. Será libertado apenas no ano seguinte. O movimento inspira grandes greves em várias outras cidades brasileiras, como Rio de Janeiro, Porto Alegre e Curitiba.

AGOSTO
RIO DE JANEIRO - A polícia fecha a Federação Operária do Rio de Janeiro. Greve na Companhia Cantareira e Viação Fluminense transforma-se em batalha campal, tendo de um lado a polícia e, do outro, os grevistas, a população e – surpresa – o 58º Batalhão de Caçadores, do Exército.

OUTUBRO
26/10 - RIO DE JANEIRO - Depois de meses de diversas manifestações populares nacionalistas (algumas bem violentas) contra a Alemanha, o presidente Venceslau Brás declara guerra ao Império Alemão e seus aliados, e o Brasil entra oficialmente na Primeira Guerra Mundial. Os anarquistas e alguns socialistas entram em choque com os nacionalistas e se manifestam contra a decisão do governo, o qual acusam de usar a medida para tirar o foco da questão social interna do país e facilitar a repressão ao movimento operário.

NOVEMBRO
07/11 - SÃO PETERSBURGO - Revolução Bolchevique.

1918

VALE DO PARAÍBA (SP) - Plínio Salgado participa da fundação do Partido Municipalista.

JANEIRO
06/01 - BUENOS AIRES - Fundação do Partido Comunista Argentino.

MARÇO
01/03 - RIO DE JANEIRO - Fundação da UGT (União Geral dos Trabalhadores).

22/03 - Rio de Janeiro - Explosão de uma bomba na casa do almirante e senador Alexandrino Faria de Alencar. Os culpados seriam marinheiros anarquistas.

MAIO

11/05 - Rio de Janeiro - O escritor Lima Barreto, simpatizante do anarquismo, escreve um artigo saudando a Revolução Russa: "A face do mundo mudou. Ave, Rússia!".

JULHO

23/07 - Toyama (Japão) - Em Uozu, pequena vila de pescadores, começa a chamada Kome Sodo, uma revolta da população contra o governo e os negociantes de arroz. A revolta, que se estendeu por agosto e setembro, acabou por tomar centenas de cidades e vilas. Cerca de 25 mil pessoas foram presas, algumas delas condenadas à morte.

SETEMBRO

Recife - Primeiros casos da gripe espanhola no Brasil, onde, em dois anos, a doença matou cerca de 300 mil pessoas, incluindo o presidente da República, Rodrigues Alves. Os ricos do Rio de Janeiro fogem para suas casas em Petrópolis.

NOVEMBRO

09/11 - Alemanha - Proclamação da República na Alemanha. O kaiser Frederico II abdica e se exila na Holanda.

11/11 - Alemanha - Rendição alemã e fim da Primeira Guerra Mundial.

18/11 - Rio de Janeiro - Insurreição anarquista. Operários da indústria têxtil entram em greve simultaneamente no Rio, em Niterói, Petrópolis, Magé e Santo Aleixo. Inspirada pelas notícias que chegavam da Revolução Russa e articulada por sindicalistas e intelectuais anarquistas como José Oiticica (avô do artista plástico Hélio Oiticica), a insurreição tem como objetivo derrubar o governo brasileiro. O plano fracassa e centenas de operários e militantes são presos ou, no caso daqueles que são também imigrantes, expulsos do país. O governo fecha sindicatos e a União Geral dos Trabalhadores.

1919

JANEIRO

05/01 - Munique - Fundação do nacionalista Partido Operário Alemão (Deutsche Arbeiterpartei), ao qual Hitler adere e que depois irá se transformar no Partido Nazista.

05/01 a 12/01 - Berlim - Levante Espartaquista em Berlim, uma tentativa de implantar um regime soviético na Alemanha. Mas a insurreição é derrotada pelo governo social-democrata, com o auxílio dos *freikorps*, grupos de paramilitares protofascistas, que aproveitam a ocasião para assassinar centenas de militantes da esquerda radical, entre eles Rosa Luxemburgo e Karl Liebknecht, líderes da Liga Espartaquista. Esses assassinatos geram várias manifestações de repúdio e motins por toda a Alemanha, que são duramente reprimidos.

21/01 - Irlanda - Início da Guerra de Independência da Irlanda, contra o governo britânico.

MARÇO

02/03 a 06/03 - Moscou - É realizado o 1º Congresso da Internacional Comunista (Também conhecida como III Internacional, ou Comintern).

09/03 - Rio de Janeiro - Entusiasmados com as notícias que chegavam da Revolução Russa, anarquistas fundam o Partido Comunista do Rio de Janeiro.

23/03 - Milão - Fundação, na praça de San Sepolcro, da organização Fasci Italiani di Combattimento, liderada por Benito Mussolini. Sansepolcrismo passou, tempos depois, a designar uma linha fascista supostamente "de raiz", fiel às primeiras ideias do movimento.

ABRIL

06/04 - Munique - No sul da Alemanha, é proclamada a República Soviética da Baviera, que passa a ser governada por socialistas, comunistas e anarquistas. A República Soviética tem vida curta: em 3 de maio, o exército e mais um contingente de 30 mil *freikorps* invade Munique, executa um massacre (mais de mil mortos) e restaura a "ordem".

10/04 - CHINAMECA (MÉXICO) - O líder revolucionário mexicano Emiliano Zapata é assassinado.

15/04 - MILÃO - Um bando de fascistas ataca e dispersa uma manifestação socialista, saqueia e incendeia a sede do jornal socialista *Avanti!*, matando dois militantes socialistas. Os fascistas consideram essa a primeira grande vitória de seu movimento.

MAIO

01/05 - BRASIL - As comemorações do Dia do Trabalhador se transformam, em todo o país, em manifestações de apoio à Revolução Russa. A do Rio de Janeiro reúne 60 mil pessoas.

06/05 - SÃO PAULO - Costureiras fazem um comício na rua Barão de Itapetininga por uma greve geral. Outras categorias aderem. A greve é vitoriosa em suas reivindicações (semana de seis dias, jornada de oito horas, igualdade de salários entre homens e mulheres), mas seus líderes são presos.

JUNHO

BRASIL - Onda de greves no Rio, em Recife e Salvador.

06/06 - MILÃO - *Il Popolo d'Italia*, jornal de Mussolini, publica o Manifesto Fascista (*Il manifesto dei fasci italiani di combattimento*), escrito pelo sindicalista Alceste De Ambris e o poeta futurista Filippo Tommaso Marinetti. O manifesto carrega várias posições progressistas, como voto universal, jornada de trabalho de oito horas, salário mínimo, diminuição da idade mínima para aposentadoria e até um compromisso de política exterior pacífica. No entanto, os ares progressistas do manifesto eram apenas fumaça. Pouco tempo depois, De Ambris rompeu com Mussolini, exilou-se na França e passou o resto da vida combatendo o fascismo.

16/06 - SÃO PAULO - É fundado o Partido Comunista de São Paulo. Os anarquistas Edgard Leuenroth e Hélio Negro escrevem o livro que serve como manifesto do novo partido: "*O que é Maximismo ou Bolchevismo: Programa Comunista*".

21/06 - RIO DE JANEIRO - Começa, no Rio de Janeiro, a Primeira Conferência Comunista do Brasil, na qual é distribuído o livro de Leuenroth e Negro.

28/06 - FRANÇA - Assinatura do Tratado de Versalhes, que encerra oficialmente a Primeira Guerra Mundial. O tratado impôs severas sanções à Alemanha, que perdeu todas as suas colônias, parte de seu território e foi obrigada a pagar uma pesada reparação para os vencedores da Guerra. O tratado também estabeleceu a Liga das Nações.

JULHO

13/07 - PORTO ALEGRE - Início da greve dos metalúrgicos de Porto Alegre, que dura mais de um mês, envolve toda a cidade e, apesar da grande repressão policial, é vitoriosa.

28/07 – RIO DE JANEIRO - Epitácio Pessoa toma posse como novo presidente do Brasil.

NOVEMBRO

SÃO PAULO - Estudantes direitistas da Faculdade de Direito do Largo de São Francisco atacam e destroem a gráfica e a redação do jornal anarquista *A Plebe*, sob o olhar complacente da polícia.

16/11 - ITÁLIA - Mussolini é derrotado nas eleições gerais italianas. Os fascistas recebem apenas 2% dos votos. O Partido Socialista é o mais votado. Mas a burguesia, principalmente a rural, une-se para comprar armas e veículos para os *squadristi fascisti*, bandos fascistas que atacam sindicatos e jornais operários, com a conivência da polícia, do Exército e dos magistrados.

17/11 - MILÃO - Fascistas realizam um atentado a bomba contra a sede do jornal socialista *Avanti!*. Várias pessoas ficam feridas.

1920

FEVEREIRO

24/02 - MUNIQUE - Já sob a liderança de Hitler, o Partido Operário Alemão muda de nome. Torna-se o Partido Nacional dos Trabalhadores Alemães (Nationalsozialistische Deutsche Arbeiterpartei).

MARÇO
03/03 - São Paulo - Greve dos ferroviários.

ABRIL
23/04 a 30/04 - Rio de Janeiro - Terceiro Congresso Operário Brasileiro, na sede da União dos Operários em Fábricas de Tecido, que reúne 64 entidades de diversos lugares do Brasil.

JULHO
19/07 a 07/08 - Moscou - É realizado o 2º Congresso da Internacional Comunista.

SETEMBRO
06/09 - Pola (Itália) - Os fascistas atacam a entidade sindical Camera del Lavoro, em Pola (na atual Croácia). A polícia apoia os fascistas e mata um jovem socialista, Vincenzo Foragioni. Três dias depois, no enterro de Foragioni, os fascistas voltam a atacar e matam cerca de dez pessoas.

NOVEMBRO
04/11 - Bolonha (Itália) - Os fascistas destroem a sede local da Camera del Lavoro.

21/11 - Bolonha - Os fascistas disparam tiros contra a multidão que assistia à posse do novo prefeito (socialista) da cidade. Em meio ao caos que se segue, onze pessoas são mortas, dez delas militantes socialistas. Os fascistas usam a "Tragédia de Palazzo d'Accursio", criada por eles mesmos, como pretexto para as mais selvagens "expedições punitivas" contra as organizações dos trabalhadores.

DEZEMBRO
22/12 - Ferrara (Itália) - Militantes socialistas atacam um desfile fascista e matam três camisas negras.

1921

JANEIRO
17/01 - RIO DE JANEIRO - O presidente Epitácio Pessoa promulga a Lei nº 4.269, conhecida como Lei da Repressão ao Anarquismo, decretando passível de prisão ou expulsão do país aquele que "por escrito ou por qualquer outro meio de publicidade, ou verbalmente" fomentasse a subversão da ordem social.

FEVEREIRO
04/02 - RIO DE JANEIRO - Greve dos marinheiros.
08/02 - DMITROV (RÚSSIA) - Morre o pensador anarquista russo Piotr Kropotkin.
27/02 - FLORENÇA - Um grupo de anarquistas ataca um desfile fascista. Como vingança, horas depois uma milícia fascista investe contra a associação comunista dos inválidos de guerra e a redação do semanário *L'Azione Comunista*, onde o sindicalista Spartaco Lavagnini é assassinado.

MARÇO
07/03 a 17/03 - RÚSSIA - Revolta de Kronstadt, uma insurreição de marinheiros contra o governo soviético. A repressão ao movimento tornou-se um marco, para os anarquistas, do autoritarismo bolchevique, uma lembrança que até hoje provoca atritos entre anarquistas e trotskistas.
23/03 - MILÃO - Na mesma noite, as milícias atacam as redações do jornal *Umanità Nova* (anarquista) e do *Avanti!* (socialista), que é incendiada.

ABRIL
21/04 - PAVIA (ITÁLIA) - Fascistas assassinam o jovem dirigente do Partido Comunista Ferruccio Ghinaglia, de 21 anos de idade.
24/04 - BOLZANO (ITÁLIA) - Com cassetetes, revólveres e granadas, milícias fascistas atacam um encontro sindical social-democrata e matam o professor Franz Innerhofer, que tentava proteger um grupo de crianças.

MAIO

01/05 - Itália - Os fascistas comemoram a data atacando em várias cidades: Roma, Ravena, Piacenza, Napoli, Bari, Rovigo, Pordenone, entre outras. Destroem sedes de entidades sindicais, empastelam jornais operários e assassinam comunistas, anarquistas e socialistas. Em sua *Storia dell'Italia Moderna*, o historiador Giorgio Candeloro conta que, só nesse primeiro semestre de 1921, os fascistas destruíram dezessete jornais e gráficas, dez bibliotecas e teatros, centenas de sedes de sindicatos, centenas de cooperativas de trabalhadores, 101 espaços culturais etc. E o próprio Candeloro admite que sua lista é incompleta. Além disso, segundo o historiador Gaetano Salvemini (*Le origini del fascismo in Italia*), as milícias fascistas mataram, entre 1921 e 1922, cerca de 3 mil pessoas.

JUNHO

22/06 a 12/07 - Moscou - É realizado o 3º Congresso da Internacional Comunista.

JULHO

01/07 - Roma - Primeira manifestação pública dos Arditi del Popolo, grupo antifascista criado para resistir fisicamente à violência dos paramilitares camisas negras. Foi criado por um anarquista, Argo Secondari, e tinha a participação de comunistas, sindicalistas, socialistas, republicanos, futuristas, ex-integrantes das tropas de D'Annunzio e outros. Desde o início, sofreu a oposição das direções do Partido Comunista e do Partido Socialista. Uma rara publicação italiana que os apoiou foi o *Umanità Nova*, do anarquista Errico Malatesta.

07/07 - Milão - Os Arditi del Popolo são criticados pelo jornal *Avanti!*, do Partido Socialista Italiano.

15/07 – Itália – Contra a direção do Partido Comunista Italiano, Antonio Gramsci escreve um artigo no *L'Ordine Nuovo* a favor dos Arditi del Popolo.

21/07 - Rússia - Lênin defende os Arditi del Popolo em um artigo publicado no *Pravda*, jornal oficial do Partido Comunista da União Soviética.

23/07 - Jiaxing - Fundação do Partido Comunista Chinês.

24/07 - ROCCASTRADA (ITÁLIA) - Para se vingar da morte de um de seus integrantes, uma milícia fascista ataca Roccastrada, pequena cidade da Toscana, e mata aleatoriamente dez pessoas.

AGOSTO

03/08 - ITÁLIA - Partido Socialista Italiano assina o Patto di Pacificazione (um acordo de paz) com o Partido Fascista, e ordena que seus militantes se afastem definitivamente dos Arditi del Popolo. O Partido Comunista também exige que seus militantes saiam dos Arditi.

12/08 e 13/08 - RAVENNA (ITÁLIA) - As milícias fascistas tomam a cidade e destroem sindicatos, jornais e sedes dos partidos de esquerda.

NOVEMBRO

07/11 - RIO DE JANEIRO - Jackson de Figueiredo, um ex-anarconiilista convertido ao catolicismo, anticomunista, ultranacionalista e antissemita, cria a revista *A Ordem*, que se transformará na principal publicação da intelectualidade católica brasileira.

09/11 - ROMA - Fundação do Partido Nazionale Fascista. Na estação ferroviária de San Lorenzo, uma milícia fascista que chega para o congresso de fundação mata o ferroviário Guglielmo Farsetti. O fato provoca revolta na população de San Lorenzo, e o bairro entra em guerra com os fascistas. O saldo final são sete mortos e centenas de feridos, mas San Lorenzo vence.

1922

JANEIRO
02/01 - SANTIAGO - Fundação do Partido Comunista de Chile.

FEVEREIRO
13/02 a 17/02 - SÃO PAULO - Realização da Semana de Arte Moderna, na qual Plínio Salgado tem uma pequena participação.

MARÇO
25/03 a 27/03 - Niterói - Fundação do Partido Comunista do Brasil, desta vez sem anarquistas.

ABRIL
22/04 - Rússia - Stalin é eleito secretário-geral do Partido Comunista da União Soviética.

MAIO
01/05 - Itália - Os fascistas comemoram o Dia do Trabalhador com uma jornada de ataques contra sindicados e partidos operários. Seis socialistas são assassinados, mas os antifascistas contra-atacam e eliminam seis camisas negras.

22/05 - Rússia - Lênin sofre seu primeiro AVC (acidente vascular cerebral), que o afasta da atividade política direta.

31/05 - Bolonha - As milícias fascistas ocupam a cidade e destroem as sedes dos sindicatos e dos partidos operários. Só se retiram no dia 2 de junho.

JULHO
05/07 e 06/07 - Rio de Janeiro - Acontece a Revolta dos 18 do Forte de Copacabana. É a primeira manifestação do Tenentismo, movimento político-militar que mobilizou oficiais, principalmente os de baixa patente, por reformas políticas no Brasil.

15/07 - Itália - Os fascistas intensificam as ocupações de cidades. No dia 15, a vítima é Cremona. No dia 18, é Novara. No dia 30, Savona. Em agosto, cairão Florença, Pistoia, Alessandria e outras.

15/07 - Tóquio - Fundação do Partido Comunista Japonês.

AGOSTO
06/08 - Parma (Itália) - Um grupo de 350 membros dos Arditi del Popolo lideram a população da cidade contra a invasão de um exército de 10 mil milicianos fascistas. É a última grande vitória do antifascismo na Itália.

SETEMBRO

22/09 - CASIGNANA (ITÁLIA) - Policiais e fascistas abrem fogo contra camponeses da cooperativa Garibaldi, que haviam ocupado uma fazenda do príncipe di Roccella, em Casignana, na Calábria. Várias pessoas são mortas.

OUTUBRO

27/10 a 29/10 - ITÁLIA - Início da Marcha fascista sobre Roma. Um blefe bem-sucedido: bandos fascistas, mal armados, mal alimentados e desorganizados chegam às portas de Roma, que tinha forças regulares perfeitamente preparadas para desbaratar os invasores. Mas o Exército não faz nada, e o rei Vítor Emanuel III apenas saúda Mussolini, que chega na manhã do dia 30, no conforto de um vagão-leito, para tomar o poder como novo chefe de governo.

NOVEMBRO

15/11 - RIO DE JANEIRO - Arthur Bernardes assume a presidência do Brasil. É criada a Quarta Delegacia Auxiliar do Distrito Federal, com o objetivo de combater a subversão. Delegacias semelhantes são criadas posteriormente em todo o Brasil.

30/11 - MOSCOU - Início do 4º Congresso da Internacional Comunista. É o último antes de a III Internacional ser dominada por Stalin, que depois dilui sua importância e a transforma em mero acessório de sua política externa até extingui-la definitivamente, em 1943.

DEZEMBRO

05/12 - MOSCOU - Fim do 4º Congresso da Internacional Comunista.

18/12 a 20/12 - ITÁLIA - O Massacre de Turim. Dois fascistas são mortos em uma briga. Em represália, os fascistas resolvem assassinar de maneira aleatória uma série de sindicalistas e militantes comunistas, anarquistas e socialistas sem qualquer relação com o caso. Onze militantes são mortos, alguns com a cabeça esmagada. Outros 26 são espancados.

23/12 - RÚSSIA - Pouco depois de seu segundo AVC, Lênin dita o seu testamento político. Nele faz críticas a Trotsky e aos outros membros do Comitê Central soviético, mas é especialmente duro com Stalin. Lênin sugere que Stalin seja removido de sua posição de secretário-geral do Partido. A intenção de Lênin era que o documento fosse lido no XII Congresso do Partido, que iria acontecer em abril. Mas isso não é feito, e o documento permanece secreto por anos.

1923

JANEIRO
BUENOS AIRES - Surgimento do Partido Nacional Fascista Argentino.
25/01 - RIO GRANDE DO SUL - Inicia-se, no Rio Grande do Sul, a Revolução de 23, uma guerra civil local que opôs os chimangos (partidários do governador Borges de Medeiros) e os maragatos (partidários de Assis Brasil). O conflito durou onze meses.

MARÇO
SÃO PAULO - Fundação dos Fascio de São Paulo "Filippo Corridoni", centro recreativo, assistencial e divulgador do fascismo na cidade de São Paulo. Outros são criados na sequência em outras localidades brasileiras onde havia grande presença de italianos e descendentes. O Banco Francês e Italiano obriga que todos os seus funcionários se filiem ao Fascio.
10/03 - RÚSSIA - Lênin sofre o terceiro AVC. Fica paralisado e impossibilitado de falar.

ABRIL
07/04 - SÃO PAULO - Surgimento do jornal ítalo-brasileiro antifascista *La Difesa*, "Organo settimanale degli uomini liberi".

JULHO
23/07 - CHIHUAHUA - No México, o general revolucionário Pancho Villa é assassinado.

Páginas 142 e 143: Manifestação fascista no campo do Palestra Itália, em São Paulo.

SETEMBRO

13/09 - BARCELONA - O general Miguel Primo de Rivera torna-se ditador da Espanha, anunciando-se como aquele que vai livrar o país da corrupção dos políticos. Seu lema: "Patria, Religión, Monarquía".

DEZEMBRO

08/12 - RÚSSIA - Trotsky escreve uma carta ao Politburo (Comitê Central) do Partido Comunista da União Soviética criticando duramente a burocratização e a falta de democracia interna na instituição.

15/12 - RÚSSIA - Declaração dos 46, carta ao Politburo assinada por 46 líderes bolcheviques criticando a ausência de democracia interna no Partido e a condução da política econômica. Trotsky não assina a carta, mas ela marca o surgimento da Oposição de Esquerda, que, sob sua liderança, irá lutar até o início dos anos 1930 por uma regeneração do Partido Soviético. Nenhum dos signatários da carta irá sobreviver aos expurgos promovidos por Stalin.

26/12 - PORTUGAL - O jornal A Monarquia, órgão oficial do integralismo português, saúda a ascensão de Mussolini na Itália e de Primo Rivera na Espanha: "Mussolini em Itália e Primo de Rivera em Espanha são o triunfo estrondoso daquelas verdades e daqueles métodos que desde 1914 o Integralismo Lusitano aconselha a todos os bons portugueses. Hora alta de triunfo esta hora em que na Europa Ocidental a reação nacionalista levanta a sua bandeira de resgate! [...] se não houver Rei, que haja um Ditador, porque será chefe o que primeiro devolver Portugal ao rumo suspenso dos seus destinos eternos!" são Paulo - O conde Matarazzo, "Príncipe da Indústria Paulista", líder inconteste dos industriais do estado, volta entusiasmado das férias na Itália, onde teve dois encontros com Mussolini: "Não posso ter motivos para reticências no que concerne à minha admiração". O entusiasmo de Matarazzo aumenta nos anos seguintes. Em 1925, ele declara: "sou um grande admirador de Mussolini [...] E eles se queixam de sua violência! Mas, mio Dio, não é possível transformar a mentalidade de toda uma multidão sem marcar com férrea disciplina a direção da nova estrada. Um idealista convicto não pode fazer concessões às massas nem àqueles que desejam explorá-las. E Mussolini, além de ser um idealista convicto, é também um extraordinário homem de ação." Entre as tantas honrarias que Matarazzo recebeu da Itália fascista, consta, por exemplo, a Medalha de Ouro do Mérito, acompanhada de uma carta autografada do Duce em reconhecimento pela doação de 1 milhão de liras ao Movimento da Juventude Fascista. Quando morreu, havia uma coroa de flores enviadas pelo Partido Fascista ao "Camarada Conde F. Matarazzo", e foi realizada uma cerimônia fascista após a reza na capela.

Matarazzo está longe de ser o único entusiasta do fascismo entre os industriais paulistas. Alguns são discretos, como o comendador Alberto Bonfiglioli, que dá nome ao bairro na zona oeste de São Paulo, mas outros, como o conde Rodolfo Crespi, são bem animados. Assumidamente membro do partido fascista, Crespi pediu para ser sepultado com o uniforme do partido e deixou, como herança, 45 mil dólares para a pessoa física de Mussolini.

O tradicional colégio Dante Alighieri, do qual Crespi foi o fundador e presidente até 1938, transforma-se em dos redutos de doutrinação fascista. Emblemas do Partido Fascista e retratos de Mussolini faziam parte da decoração. Muitos professores e alunos se cumprimentavam com a saudação fascista.

1924

JANEIRO

ITÁLIA - O poeta italiano Marinetti publica o livro "*Futurismo e Fascismo*", no qual defende que o fascismo é um desenvolvimento natural do futurismo. O livro tem três retratos: um do próprio Marinetti, outro de Mussolini e outro do escritor e diplomata brasileiro Graça Aranha, para quem o Duce é "a figura da lei, viril na concepção da ordem".

21/01 - Gorki (rússia) - Morte de Lênin.

JUNHO
10/06 - ROMA - O deputado socialista Giacomo Matteotti, que vinha denunciando implacavelmente a violência e corrupção fascista, é sequestrado em plena luz do dia por uma milícia e seu corpo permanece desaparecido por mais de dois meses. Todos, desde o início, já sabem que ele está morto e que Mussolini é o responsável, direta ou indiretamente. É um escândalo internacional, mas ninguém faz nada, e Mussolini segue no poder.

JULHO
05/07 - SÃO PAULO - Início da Revolução de 1924 na cidade de São Paulo, uma insurreição tenentista comandada pelo general reformado Isidoro Dias Lopes e pelo major Miguel Costa (da Força Pública), com a participação de João Cabanas, que depois participará da Batalha da Praça da Sé.
Os rebeldes ocupam São Paulo por 23 dias. O objetivo é ativar uma série de levantes semelhantes em outras cidades do país e provocar a queda do presidente da República. O governador Carlos de Campos foge para o interior do estado, e São Paulo é bombardeada por aviões enviados pelo governo federal. Derrotadas, as tropas rebeldes se retiram para Bauru e depois para Foz do Iguaçu. Ainda que tenha sido um movimento militar, sem a participação de militantes operários, os governos aproveitam a oportunidade para prender socialistas, comunistas e anarquistas. José Oiticica, por exemplo, é preso no Rio de Janeiro já no dia 5 de julho e enviado com outros para uma prisão improvisada em uma ilha do litoral do Rio de Janeiro. Outras centenas de militantes operários foram enviadas para o campo de concentração de Clevelândia, no Amapá, onde mais da metade morreu em menos de quatro anos.
12/07 - BELA VISTA (MT) - Rebelião militar em solidariedade aos tenentistas de São Paulo.
18/07 - ARACAJU - Rebelião militar em Sergipe em solidariedade aos tenentistas de São Paulo.

23/07 - MANAUS - A mais bem-sucedida rebelião militar tenentista de 1924 é justamente aquela que se concentrou nas questões sociais e envolveu a população da cidade, criando a Comuna de Manaus, que ocupou a cidade por mais de um mês e ganhou o apoio popular graças ao anúncio de medidas como impostos mais altos para os ricos e expropriação de empresas inglesas.

26/07 - BELÉM - Rebelião militar em solidariedade aos tenentistas de São Paulo.

OUTUBRO
28/10 - RIO GRANDE DO SUL - Levantes militares em Santo Ângelo, São Borja, Uruguaiana e São Luís dão origem à Coluna Prestes.

NOVEMBRO
04/11 - RIO DE JANEIRO - Motim no encouraçado *São Paulo*. Um grupo de rebeldes, solidários com os tenentistas, toma o navio à força. Planejam bombardear o Palácio do Catete, sede do governo federal, mas desistem e resolvem ir com o navio para o Rio Grande do Sul, para se juntar às tropas tenentistas. Desistem disso também, e acabam se exilando no Uruguai.

14/11 - SANTA MARIA (RIO GRANDE DO SUL) - Levante militar dá início à Coluna Etchegoyen, que dura até o mês seguinte.

DEZEMBRO
30/12 - SÃO PAULO - O governo do estado de São Paulo cria o Departamento de Ordem Política e Social. É o primeiro DOPS do Brasil.

31/12 - FLORENÇA - O Circolo di Cultura, grupo liberal-socialista (não marxista e bem moderado) é fechado pelo prefeito fascista com uma explicação simples: "sua atividade provoca uma justa insatisfação no partido dominante".

Frente Unica de Todos os Trabalhadores Para a Luta em Commum Por Suas Reivindicações Economicas e Políticas Mais Immediatas !

PROLETARIOS DE TODOS OS PAIZES UNI-VOS!

A CLASSE OPERARIA

Orgão Central do Partido Communista (Secção Brasileira da I. C.)

ANNO X — Rio de Janeiro, 3 de Outubro de 1934 — PREÇO 100 Réis — NUM. 17

Nossa posição em face á Frente Unica Proletaria

Operarios dos Syndicatos do Districto Federal, filiados dos artidos Socialista Proletario, Liga Trotskista, Socialista, Trabalhista, proletarios em geral :

O Partido Communista (secção brasileira da I. C.) recebeu m convite assignado por quatro partidos de composição operaria propondo uma Frente Unica eleitoral. Unico partido revolucionario do proletariado que, por esta mesma razão, desde ha muitos annos se acha á margem da legalidade burgueza e cujos militantes estão á cabeça da maioria dos movimentos grevistas desencadeados ultimamente enfrentaram a policia na historica noite de 23 de Agosto, o Partido Communista tem lutado uma com o apoio da massa operaria do Districto Federal e do paiz por sua existencia legal.

Não é por acaso que, emquanto o Partido Communiste se encontra na mais brutal illegalidade, enchendo de seus militantes as cadeias e colonias correccionaes, em pleno regime constitucional, os outros partidos chamados proletarios gosam de mais perfeita legalidade. Não é acaso que, emquanto nosso valente representante da Camara dos Deputados, o estivador Alvaro Ventura, recebe as mais duras ameaças contra sua liberdade e contra sua vida, os representantes daquelles partidos esfrutam da mais agradavel cordialidade parlamentar por parte dos representantes apodrecidos das oligarchias estadoaes, agentes do imperialismo, defensores cynicos das camarilhas dominantes, de donos de terras e capitalistas. Não é a toa que, emquanto o Partido Communista e o movimento syndical revolucionario se encontram á frente das greves e das lutas do proletariado carioca, lutando pela realisação da Frente Unica no proprio terreno destas lutas, os presentantes destes chamados partidos proletarios preoccupam-se exclusivamente com conclaves eleitoraes.

O Partido Communista do Brasil, do modo algum, pode renunciar a apresentar-se com seu nome proprio ás eleições, como o proletariado que quer a continuação das lutas e greves, o quer transformal-as em lutas cada vez mais profundas e extensas, lutas em cujo transcurso hão de formar-se os Comités de Frente Unica de luta, om representantes operarios d»s fabricas, camponezes, assalariados agricolas, soldados e marinheiros, lutas que deverão conduzir até a derrubada do poder das camarilhas dominantes e á instalação do governo revolucionario dos Conselhos (Soviets) dos operarios e camponezes. Ve-

buna da Camara afim de arrancar pela pressão dos movimentos de massa, na rua, as reivindicações mais sentidas !

Isto não significa, porém, que o Partido Communista não quer fazer Frente Unica com os partidos mencionados e com os operarios que os compõem. Por isto
(Continua na 4ª pagina)

A entrada da URSS para a Liga das Nações e o significado desse acontecimento

A entrada da União Sovietica para a Liga das Nações é, sem duvida, o acontecimento mais importante destes ultimos tempos, na arena internacional. Que significa a entrada da URSS para a Liga das Nações ? Significa que mesmo os seus mais encarniçados inimigos reconhecem, hoje, que o mais poderoso factor do mundo. Significa que a burguezia internacional, ante a gigantesca edificação socialista numa sexta parte do globo, se viu impotente para impedir sua politica de isolar a União Sovietica. Significa que a burguezia internacional se viu forçada a reconhecer que os problemas do mundo não mais são discutidos nas ausencias da URSS, reconhecer, pois, implicitamente a importancia do poder dos Soviets que a correlação das forças entre os dois mundos — o mundo em ascenção e o mundo em decomposição — tende sensivelmente para o primeiro.

E', pois, uma victoria formal da União Sovietica.

Entretanto, a entrada para União Sovietica.

Primeiro, para mostrar a povos que a sua politica de paz segundo e sincera e que nesse empenho está disposta a cooperar com seus mais duradouros inimigos, porque, como explicou bem em Genebra o camarada Litvinov — o convite feito á URSS implica o conhecimento da necessidade de terrenão, e sem a arma que a União Sovietica saberá no momento justo contra seus inimigos que lutarem á palavra da paz. Terceiro, fazem parte da Liga proposta que por seus proprios interesses desejam a guerra, neste momento a retirada da Liga, do Japão e da Allemanha — neste instante maiores e mais perigosos dos factores e provocadores da guerra dá a essas pequenas nações possibilidades de agirem em luta, desde que tenham o apoio e a grande potencia, como a União Sovietica, sinceramente á serviço da paz.

A presença da URSS na Liga das Nações, creada para servir aos interesses do imperialismo, póde, de maneira, ser um instrumento de consagrar, de certo modo, tracção optima, para trazer a capitalistas fascistas dos paizes capitalistas.

Um lugar permanente no Senado das Nações dá ajuda á URSS bilidade de se controlar e a colaboração mais directa e immediata nas actividades de todas as camarilhas, que fazem justamente dos interesses de manobrar, de outra, a possibilidade de demais um tempo o apoio do que a de 1914-18.

«A Classe Operaria» dá todo apoio ao desmentimento da Camara feudal-burguesa pelo camarada Alvaro Ventura da exposição do voto ali formulado pela da URSS para a Liga das Nações, declaração que de ter enobrecido com applausos a gloriosa campanha de calumnias levada á gloriosa União Sovietica, pelo sinistro contra-revolucionario.

A União Sovietica, — por isso o camarada Ventura — di nosso falsos amigos que aqui confessaram-se vencidos pelo direito sentido de sua politica revolucionaria, tendo ainda o to de invocar por nome o o nome. A União Sovietica sabe q

Na demonstração anti-guerreira do dia 22, as camarilhas dominantes derramam nova onda de sangue trabalhador

Tanto na demonstração de 23 de Agosto como na do dia 22 de Setembro, os communistas estavam nas primeiras filas dos lutadores anti-guerreiros

Nova onda de sangue trabalhador foi derramada na luta contra as guerras imperialistas, a reacção e o fascismo.

As camarilhas dominantes, com seu poder governamental à frente, não podem «perdoar» que os seus planos

Os effeitos dos obuzes modernos : o rosto de um trabalhador inteiramente estraçalhado

guerreiros, esfomeados e reaccionarios sejam desmascarados. E, mais uma vez, cuvaram o seu odio sadico de classe derramando o sangue de dezenas de pobres operarios.

Mais uma vez, as ações sanguinarias da policia dos grandes proprietarios de terras e dos patrões levaram o terror e o horror ao seio do proletariado e das massas populares. Isto uma vez mais ficou demonstrado o desespero da sociedade feudal-burgueza em decomposição, que recorre aos methodos da mais brutal reacção pela methodos de prolongar por mais tempo o regime da exploração e da oppressão.

Tanto na demonstração do dia 23 de Agosto, na inauguração do Congresso de Luta Contra a Guerra Imperialista, a Reacção e o Fascismo, como no dia 22 de Setembro, os communistas estavam sempre nas primeiras filas dos heroicos lutadores anti-guerreiros. Foram elles, por isto mesmo, os mais visados pela furia sanguinaria da policia de Felinto Muller.

O massacre

Attendendo ao appello do Comité Anti-Guerreiro por uma nova demonstração contra as guerras imperialistas, a reacção e o fascismo, e em commemoração ao 1º massacre do dia 23 de Agosto, cerca de 2 mil pessoas, entre operarios, estudantes, intellectuaes e trabalhadores, compareceram no dia 22 ultimo, á praça da Harmonia.

Antes da hora marcada para o inicio do grande comicio, os cães sanguinarios da Lei. Auxiliar incondicional dos grandes senhores de terras e patrões, encheram as entradas da praça e as immediações, de viando o trajecto dos bondes e automoveis.

Deste modo, segundo a propria imprensa burgueza, milhares de pessoas que se dirigiam á praça da Harmonia afim de participar da demonstração, foram impedidos de ter acesso. No local do comicio, a policia já revistava as pessoas, e a fácil apprehensão de armas nos bolsos dos proprios investigadores infiltrados no seio da multidão.

Precisamente na hora annunciada, tomou a palavra o representante da Juventude Communista. Nesse momento, a reacção desembestou com toda a brutalidade. Dezenas de investigadores, armados de todos os revolveres, atiraram á esmo e a esmo, á hora certa. Ao mesmo tempo, automoveis-chiou os policiaes invadiam a praça, atropellando a torto e a direito descarregando chuvas de balas sobre a massa, que horrorisada fugia.

Cessado o revoltante massacre, ficavam no campo um morto e entre grandes poças de sangue derramado.

Novas e combativas acções de luta

Operarios, camponezes, soldados, marinheiros, estudantes e intellectuaes

pobres, pequenos commerciantes e funccionarios pobres, povo explorado e opprimido !

As camarilhas dominantes, de mãos dadas com os magnatas estrangeiros, querem nos atirar á fogueira do Chaco. Telegrammas divulgados pela imprensa burgueza informam que os peruguayos teriam feito fogo contra um acampamento brasileiro nas margens do rio Apa.

A todas estas provocações, a onda de luta sangrenta perpetrada pelos imperialistas e seus alliados feudal-burguezes e que visam envolver o proletariado e todo o povo trabalhador da America do Sul na guerra do Chaco, respondamos com acções concretas de luta, ligando esta luta ás suas reivindicações immediatas economicas e politicas.

Reforcemos os nossos comités de luta contra a guerra imperialista, a reacção e o fascismo, nas empresas, fabricas, quarteis, navios, escolas, nos campos, e criemos novos onde não existam ! Desdobremos as acções concretas de luta contra a guerra imperialista e contra os seus agentes ideologicos no Brasil, integralistas, nazi-leonerevolucionarios, etc. !

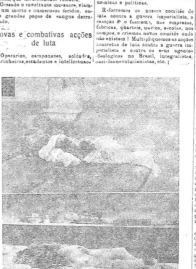

Os horrores da guerra imperialista: Na Maternidade de Pariz, mãe e filho foram despedaçados por um obuz

Trabalhadores das cidades e do campo, estudantes e intellectuaes revolucionarios, soldados e marinheiros ! Ingr

1925

JANEIRO

03/01 - ROMA - Em um discurso na Câmara, o próprio Mussolini desfaz qualquer dúvida que ainda pudesse existir: "Se o fascismo tem sido uma associação de delinquentes, então eu sou o chefe desses delinquentes!". É o início da ditadura fascista declarada. Mussolini decreta a dissolução das organizações "subversivas" que restavam, aumenta o número de prisões de oposicionistas, acaba com a liberdade de imprensa e aumenta as verbas para a repressão política e para as milícias fascistas.

ABRIL

11/04 - FOZ DO IGUAÇU - Os tenentistas rebeldes derrotados da Revolução de 1924 paulista juntam-se à Coluna Prestes.

MAIO

01/05 - RIO DE JANEIRO - Lançamento do *A Classe Operária*, jornal do Partido Comunista do Brasil.

12/05 - TÓQUIO - O governo japonês edita a Lei de Preservação da Paz, específica contra comunistas, anarquistas e socialistas, que pune com dez anos de prisão, sujeitos a trabalhos forçados, qualquer um que participasse de associações para mudar o *kokutai*, termo japonês que pode significar "sistema de governo", "soberania", "essência da nação" ou qualquer coisa que o governo do momento entenda como razão para reprimir uma dissidência. Em 1928, a Lei passa a prever a pena de morte pelos crimes de atentado contra o *kokutai*. Mais de 70 mil pessoas são presas até que sua revogação, em 1945.

16/05 a 18/05 - RIO DE JANEIRO - Realização do II Congresso do Partido Comunista do Brasil.

25/05 - RIO DE JANEIRO - Mais um episódio das revoltas tenentistas no Rio de Janeiro. Revoltosos tentam tomar o Quartel do III Regimento de Infantaria.

OUTUBRO

03/10 - FLORENÇA - Depois de acabarem com todas as organizações operárias, as milícias fascistas promovem um massacre de maçons e o que resta de oposição socialista na cidade. O massacre foi convocado dias antes, em 26 de setembro, pelo jornal *Battaglia Fascista*: "De agora em diante não se deve dar trégua à maçonaria e aos maçons. A devastação da Loja deles não foi o bastante, e seu resultado foi ridículo. É preciso golpear os próprios maçons, seus bens, seus interesses. Sem poupar nenhum. A pressão da nossa santa Violência não deve permitir que eles deem qualquer sinal de vida." Da noite do 3 de outubro até a manhã do dia seguinte, as milícias espancaram e mataram maçons, antifascistas ou quem lhes parecesse maçom ou antifascista. Invadiram, saquearam e incendiaram dezenas de casas. O advogado socialista Gustavo Console, por exemplo, foi morto a golpes de cassetetes e coronhadas em sua casa, na frente de seus filhos pequenos. A milícia fascista também invadiu a casa do deputado socialista Gaetano Pilatti, mutilado de guerra, e ele foi espancado tão brutalmente que acabou morrendo dois dias depois.

1926

MAIO

12/05 - VARSÓVIA - Na Polônia, o marechal Józef Piłsudski dá um golpe de estado e, ainda que não formalmente, torna-se ditador de fato até sua morte, em 1935.

15/05 - RIO DE JANEIRO - Acontece no Teatro Lírico a primeira de uma série de tumultuadas palestras do futurista e fascista Marinetti no Brasil. As palestras acabaram por se transformar em quase batalhas entre pró e antifascistas. Ao final, Marinetti mal conseguia falar, tantas eram as vaias e os insultos.

28/05 - PORTUGAL - Em Braga, onde se reunia a fina flor do conservadorismo católico português para o Congresso Mariano (em louvor à Nossa Senhora), o general Gomes da Costa inicia sua Marcha sobre Lisboa, à maneira do que Mussolini tinha feito na Itália anos antes. É o golpe que implanta a ditadura militar.

AGOSTO

03/08 - GUADALAJARA - No México, começa a chamada Guerra Cristera, uma insurreição conservadora da qual participam vários membros do clero e que pretende reverter diversos avanços da Constituição Mexicana de 1917. O objetivo mais explícito é acabar com a separação entre Igreja e Estado e restabelecer os privilégios da Igreja Católica banidos pela Constituição Mexicana.

SETEMBRO

11/09 - ROMA - O anarquista Gino Lucetti, ex-integrante dos Arditi del Popolo, realiza um atentado contra Mussolini, mas fracassa e é preso. Inspira o nome do Battaglioni Lucetti, uma brigada da resistência anarquista que irá lutar dentro da Itália contra os fascistas durante a Segunda Guerra Mundial.

Horas depois, ainda no dia 11 de setembro, no Harlem, em Nova York, dois fascistas morrem na explosão de uma bomba que tentavam instalar no local onde aconteceria uma manifestação antifascista. Um deles é decapitado pela explosão.

OUTUBRO

23/10 - RÚSSIA - Trotsky é excluído do Politburo do Partido Comunista da União Soviética.

NOVEMBRO

06/11 - ROMA - Alinhado com o pensamento católico, o fascismo aprova o decreto-lei 1848, que transforma em crime de estado exibir, vender, distribuir, produzir ou importar textos, desenhos, imagens e objetos que ofendam a "decência pública". Incluído nessa proibição está qualquer tipo de material que possa promover meios de prevenção ou interrupção da gravidez.

15/11 - RIO DE JANEIRO - Washington Luís assume a presidência do Brasil. Getúlio Vargas é o ministro da Fazenda.

DEZEMBRO

25/12 - TÓQUIO - A posse do imperador Hirohito dá início ao Período Showa, marcado (até o Japão ser derrotado na Segunda

Guerra Mundial) pelo totalitarismo político, ultranacionalismo e expansionismo militar. A inspiração é o fascismo ocidental.

1927

FEVEREIRO
RIO GRANDE DO SUL - Na edição desse mês do *O Sindicalista* (jornal da Federação Operária do Rio Grande do Sul), um jovem anarquista responde aos militantes que criticam o uso de bombas na chamada "propaganda pela ação": "Alguns dos velhos militantes que se querem tornar responsáveis e quartel-general do movimento anarquista é que são completamente inibicionistas, fazendo esforço para enfraquecer a ação dos jovens anarquistas, julgando-nos cegos que nos deixamos levar pelas mãos". O artigo chama-se "Dinamite, arma de heróis".

MARÇO
24/03 - BOLÍVIA - Fim da Coluna Prestes. Seus remanescentes depõem as armas na Bolívia (Prestes e Miguel Costa) e no Paraguai (Siqueira Campos). Na Bolívia, Prestes tem contato com dirigentes comunistas argentinos.

ABRIL
27/04 - RIO DE JANEIRO - Congresso Operário Sindicalista.

JULHO
15/07 - VIENA - Manifestantes protestam em frente ao Palácio da Justiça por causa da complacência com que a Justiça austríaca trata os bandos paramilitares de extrema-direita. A polícia abre fogo e mata 84 manifestantes.

24/07 – ROMÊNIA - É criada a Legião do Arcanjo Miguel, uma organização paramilitar fascista, cristã, anticomunista e antissemita, que tem como uniforme a camisa verde. Ela depois mudou o nome para Guarda de Ferro e auxiliou bastante os nazistas alemães durante a ocupação.

AGOSTO

23/08 - BOSTON - Os anarquistas Sacco e Vanzetti são executados. Em protesto, acontecem greves e manifestações em todo o mundo. Em Buenos Aires, decreta-se greve geral, mas, além disso, horas depois da execução, o anarquista Severino Di Giovanni joga uma bomba na embaixada americana. Di Giovanni vai depois praticar atentados contra escritórios do Banco de Boston e do Citibank.

OUTUBRO

25/10 - NATAL - O Rio Grande do Norte é o primeiro estado brasileiro a permitir o voto feminino. No entanto, as mulheres que exerceram o direito nas eleições de 5 de abril do ano seguinte tiveram seus votos anulados pelo Senado.

NOVEMBRO

12/11 - RÚSSIA - Trotsky é expulso do Partido Comunista da União Soviética.

1928

TIMBÓ (SC) - Fundação do Partido Nazista brasileiro. Com 2900 membros, foi o maior partido nazista fora da Alemanha.

SÃO PAULO - Fundação da Ação Imperial Patrionovista Brasileira, uma organização de católicos tradicionalistas que defende a restauração da Monarquia, o fim da separação Estado-Igreja, a criação de uma nobreza, ensino religioso católico obrigatório etc. O grupo vai ter bastante influência na criação do Integralismo.

JANEIRO

01/01 - SÃO PAULO - Primeiro número da Il Risorgimento, revista antifascista da comunidade italiana de São Paulo.

31/01 - RÚSSIA - Trotsky é exilado em Almaty, no Cazaquistão.

Páginas 154 e 155: Manifestação integralista em Blumenau, com Plínio Salgado no canto do palanque, à esquerda.

FEVEREIRO

14/02 - Rio de Janeiro - Durante uma reunião na União dos Gráficos do Rio de Janeiro acontece uma súbita falta de luz e, na sequência, um tiroteio no qual ficam feridos dez militantes (dois deles, anarquistas, morrem em consequência dos ferimentos). Os anarquistas acusam os comunistas, que, por sua vez, acusam supostos policiais infiltrados entre os anarquistas. Seja como for, é o rompimento definitivo entre anarquistas e comunistas no Rio de Janeiro.

MARÇO

São Paulo - Com a chegada de Serafino Mazzolini, um veterano fascista, o consulado italiano passa a ser mais ativo no combate ao antifascismo dentro da comunidade italiana.

15/03 - Tóquio - Alarmado com o crescimento dos socialistas e de candidatos apoiados pelo Partido Comunista nas eleições de fevereiro (a primeira em que todos os homens puderam votar), o governo endurece a repressão e prende 1652 pessoas suspeitas de serem comunistas ou simpatizantes do comunismo. A Lei de Preservação da Paz é modificada para incluir a pena de morte para crimes de subversão. Os poderes da Tokko, força policial encarregada dos crimes ideológicos também conhecida como Shiso Keisatsu ("Polícia do Pensamento"), são ampliados. Em 1936, por exemplo, a Tokko chegou a prender quase 60 mil pessoas.

MAIO

23/05 - Buenos Aires - O anarquista Severino Di Giovanni explode uma bomba na embaixada italiana em Buenos Aires, onde acontecia um encontro de fascistas. Morrem nove dos fascistas, e outros 34 ficam feridos.

26/05 - Buenos Aires - Di Giovanni explode a casa de Cesare Afeltra, membro da polícia secreta de Mussolini.

JULHO

Moscou - O VI Congresso da Internacional Comunista, dominado pelo stalinismo, defende que a social-democracia e o fascismo são "gêmeos". E toda esquerda operária não stalinista é definida como "social-fascista" e considerada tão inimiga quanto o fascismo.

SETEMBRO

São Paulo - Primeiro número do *Bolletino dei Fasci Italiani all'Estero*, órgão mensal do Fascio de São Paulo.

25/09 - São Paulo - O jornal fascista *Il Piccolo*, criado pelo industrial Rodolfo Crespi e voltado para a comunidade italiana de São Paulo, é atacado por estudantes depois de publicar um artigo ofensivo contra a educadora anarcofeminista Maria Lacerda de Moura. Os fascistas reagiram com tiros de revólver às vaias e pedradas contra o prédio do jornal. O tumulto aumentou e, apesar dos tiros e da proteção da polícia, chamada às pressas, a multidão conseguiu arrombar as portas do jornal, quebrar móveis e, para lamento do jornal, jogar pela janela doze retratos de Mussolini. A polícia também teve que proteger a sede do consulado italiano, a de outro jornal ítalo-brasileiro, o *Fanfulla*, e também a mansão do conde Matarazzo. No entanto, ainda que tenha havido algo de antifascismo no ataque ao jornal, foi mais que tudo uma manifestação nacionalista contra o fato de um estrangeiro ofender uma brasileira.

DEZEMBRO

São Paulo - O tradicional Circolo Italiano, fundado em 1910, passa a abrigar as reuniões do Partido Fascista e se transforma em um dos principais centros de atividades fascistas no Brasil.

29/12 - Rio de Janeiro - III Congresso do Partido Comunista do Brasil.

1929

FEVEREIRO

10/02 - Rússia - Trotsky é expulso da União Soviética.

11/02 - Roma - Mussolini e o Vaticano assinam o Tratado de Latrão, que marca a aliança da Igreja com o fascismo. E o Vaticano recebe 2 bilhões de liras a título de indenização por perdas ocorridas em governos italianos anteriores, menos amigáveis à Igreja.

13/02 - Milão - O papa Pio XI faz um discurso na Universidade Católica do Sagrado Coração, saudando entusiasticamente Benito Mussolini, que seria, segundo ele, "o homem que nos foi enviado pela Providência". Fazia muito tempo que Pio XI era admirador de Mussolini. Em 1922, antes mesmo de ser papa, quando ainda era o cardeal de Milão, ele declarou: "Mussolini é um homem formidável!".

MARÇO

Roma - Padre José, então um célebre ativista do conservadorismo no Brasil e em Portugal, e articulista do *Jornal do Brasil*, tem um encontro com Mussolini. O próprio padre divulga que reclamou com o Duce a ausência de maior propaganda do fascismo na América Latina.

MAIO

01/05 - Berlim - A polícia da capital alemã, sob o comando do Partido Social-Democrata, abre fogo contra uma manifestação do Partido Comunista.

AGOSTO

São Paulo - Mário Pedrosa retorna da Europa já com planos de criar no Brasil um núcleo de dissidência do Partido Comunista. Nos meses seguintes, surge o Grupo Comunista Lenine, formado por Pedrosa, Aristides Lobo, Lívio Xavier, Wenceslau Escobar Azambuja, Rodolfo Coutinho e outros.

OUTUBRO

24/10 - Nova York - A Quinta-Feira Negra, início "oficial" da Grande Depressão. Com a quebra da Bolsa de Nova York, o mercado norte-americano perde 30 bilhões de dólares em dois dias. A produção industrial despenca quase 50%. Os efeitos são devastadores para as economias de todos os países industrializados, mas também para o Brasil e particularmente para São Paulo, que tinha sua economia baseada na exportação de um produto: o café. O preço da saca cai 90%. A crise produz um grande abalo no poder da oligarquia cafeeira paulista.

1930

JANEIRO
02/01 - RIO DE JANEIRO - Enorme comício promovido pela Aliança Liberal, que divulga sua plataforma política, contendo pontos como anistia para os tenentistas e voto secreto.

08/01 - BÜYÜKADA (TURQUIA) - Leon Trotsky redige "O 'Terceiro Período' dos Erros da Internacional Comunista", no qual critica o programa ultraesquerdista da Internacional Comunista.

28/01 - MADRID - Queda do ditador Primo de Rivera na Espanha.

FEVEREIRO
BRUXELAS - O jornalista católico Leon Degrelle funda na Bélgica o Partido Rexista, anticomunista, antissemita, ultraconservador. O nome oficial do partido era Christus Rex (Cristo Rei). Degrelle depois colaborou entusiasticamente com os invasores nazistas, tanto que depois da Segunda Guerra teve que fugir da Bélgica (onde foi condenado à morte por traição) e só encontrou abrigo na Espanha de Franco, onde morreu em 1994. Mesmo depois da Segunda Guerra, vangloriava-se de sua proximidade com Hitler, que lhe teria dito: "Se eu tivesse um filho, gostaria que fosse como você". Degrelle foi muito amigo do quadrinista Hergé (também militante da extrema-direita belga), e teria sido a inspiração para a criação do personagem Tintim.

MARÇO
01/03 - BRASIL - Júlio Prestes, representante da oligarquia paulista, vence Getúlio Vargas nas eleições presidenciais. A Aliança Liberal considera que a eleição foi fraudada e não aceita seu resultado.

ABRIL
BUENOS AIRES - Conferência do Secretariado Sul-Americano da Internacional Comunista. É decidido o fim do Bloco Operário e Camponês (frente eleitoral impulsionada pelo PCB). Início do obreirismo, política que resulta na designação para os postos mais

altos dentro do PCB dos militantes "genuinamente operários" e no afastamento de praticamente todos os fundadores do partido.

06/04 - PARIS - Criada a Oposição Internacional de Esquerda (trotskista).

MAIO

07/05 - BUENOS AIRES - Luís Carlos Prestes anuncia seu "Manifesto de Maio", no qual ataca a Aliança Liberal e coloca a necessidade de uma "verdadeira insurreição".

08/05 - SÃO PAULO - Lançado o primeiro número de A Luta de Classe, órgão do Grupo Comunista Lenine. Nesse momento, Fúlvio e sua irmã Lélia Abramo já fazem parte da GCL.

29/05 – RIO DE JANEIRO – O jornal *Diário da Noite* publica o Manifesto de Maio, de Prestes.

JULHO

BUENOS AIRES - Luís Carlos Prestes, Silo Meireles, Emídio Miranda e Aristides Lobo (o único civil) fundam a Liga de Ação Revolucionária.

04/07 - ROMA - Plínio Salgado escreve da Itália a respeito do encontro que teve com Mussolini: "Contando eu a Mussolini o que tenho feito, ele achou admirável o meu processo, dada a situação diferente de nosso país. Também como eu, ele pensa que, antes da organização de um partido, é necessário um movimento de ideias."

26/07 - RECIFE - Assassinato de João Pessoa, candidato a vice--presidente na chapa de Getúlio Vargas.

SETEMBRO

05/09 - SÃO PAULO - Primeiro número de *Italia Libera*, publicação antifascista voltada para a comunidade ítalo-brasileira.

14/09 - ALEMANHA - Os nazistas obtêm sucesso nas eleições e se tornam o segundo maior partido do país.

OUTUBRO

SÃO PAULO - Fundação da Ação Universitária Católica de São Paulo, que declara guerra não apenas aos comunistas e ateus, mas também aos que, para ela, não são católicos o suficiente.

"Visamos principalmente a mocidade, a cujo indiferentismo declaramos guerra de morte [...] pois ou somos católicos integrais ou somos traços de união entre o catolicismo e o bolchevismo".

03/10 - BRASIL - Eclode a revolução liderada pela Aliança Liberal, a chamada Revolução de 30. Seu início é conflagrado de forma simultânea no Rio Grande do Sul, na Paraíba, em Minas Gerais e no Paraná.

12/10 e 13/10 - QUATIGUÁ - Acontece, no norte do Paraná, a Batalha de Quatiguá, na qual unidades do Exército fiéis ao governo federal, reforçadas por contingentes da força policial de São Paulo, são derrotadas pelas tropas da Aliança Liberal.

24/10 - RIO DE JANEIRO - Uma junta militar depõe o presidente Washington Luís. Diversos governadores de estados também são depostos.

NOVEMBRO

01/11 - RIO DE JANEIRO - A junta militar transfere o poder para Getúlio Vargas, como presidente provisório.

12/11 - SÃO PAULO - É criada a Legião Revolucionária de São Paulo, liderada pelo tenentista Miguel Costa, como força de apoio a Vargas e contra a oligarquia paulista.

16/11 - COPENHAGUE - Criação do Partido Nacional-Socialista da Dinamarca.

28/11 - RIO DE JANEIRO - Criado o Ministério do Trabalho.

RIO DE JANEIRO - Em reunião do Comitê Central, Astrojildo Pereira é destituído do cargo de secretário-geral do PCB.

1931

JANEIRO

15/01 - RIO DE JANEIRO - O marechal da Força Aérea fascista Italo Balbo, "herdeiro" de Benito Mussolini, chega ao Rio de Janeiro pilotando um Savoia-Marchetti S.55 e é recebido como um herói pelo presidente Getúlio Vargas.

21/01 - SÃO PAULO - Na Associação dos Empregados do Comércio, na rua Líbero Badaró, é fundada a Liga Comunista Internacionalista, a partir do Grupo Comunista Lenine. Além de Mário Pedrosa, Aristides Lobo, Fúlvio Abramo e os outros integrantes do GCL, diversos outros militantes participam do evento, entre eles o poeta francês Benjamin Péret.

FEVEREIRO
BELO HORIZONTE - Surge, em Minas Gerais, a Legião de Outubro, equivalente da Legião Revolucionária de São Paulo, mas com um caráter mais próximo do fascismo, cuja influência é visível em seu programa. A organização paramilitar tem como uniforme a camisa parda, como a dos nazistas.

MARÇO
05/03 e 06/03 - SÃO PAULO - O jornal *O Estado de S. Paulo* publica o manifesto da Legião Revolucionária de São Paulo, escrito por Plínio Salgado.

09/03 - SÃO PAULO - Primeiro número de *Lo Spaghetto*, jornal satírico ítalo-brasileiro, que, ao menos nos primeiros tempos, tem orientação antifascista.

12/03 - MONTEVIDÉU - Luís Carlos Prestes publica carta aberta em que defende o Partido Comunista e critica os tenentistas que aderiram a Vargas.

13/03 a 15/03 - SÃO PAULO - Terceira Conferência Operária Estadual reúne diversos sindicatos de orientação anarcossindicalista. É nela que acontece a retomada da FOSP (Federação Operária de São Paulo), criada em 1905. A FOSP era localizada na rua Quintino Bocaiúva, número 80.

19/03 - RIO DE JANEIRO - Assinado o decreto nº 19.770, a Lei dos Sindicatos varguista.

ABRIL
14/04 - Madri - Queda da monarquia espanhola: Alfonso XIII abdica.

28/04 - SÃO PAULO - Deflagrado um levante por jovens oficiais da Força Pública de São Paulo contra seu chefe, Miguel Costa, e o tenentista João Alberto Lins de Barros, nomeado governador do estado por Getúlio Vargas. O levante, porém, é prontamente debelado. Mais de duzentos rebeldes são presos.

JUNHO
Rio de Janeiro - Fundação do Clube 3 de Outubro, uma organização formada por tenentistas em defesa de Vargas.
18/06 - Rio de Janeiro - Octávio Brandão, um dos fundadores do PCB e o principal teórico do partido, é exilado por Getúlio Vargas. Vai com a família para a Alemanha, de onde seguem para a URSS. Retornaria somente no final de 1946.

JULHO
13/07 - São Paulo - Pressionado pela oligarquia paulista, o impopular João Alberto Lins de Barros renuncia ao cargo de governador de São Paulo.

AGOSTO
São Paulo - A polícia prende todos os membros do Comitê Regional do PCB paulista.
09/08 - Berlim - O Partido Comunista Alemão e o Partido Nazista formam uma frente única para que seus membros votem no chamado Plebiscito Vermelho pela destituição do governo Social-Democrata.
23/08 - Fortaleza - Criação da Legião Cearense do Trabalho, entidade católica, ultraconservadora, militarista e anticomunista. Entre seus líderes, está o padre Helder Câmara. Mais tarde, a LCT vai se juntar aos integralistas.

SETEMBRO
São Paulo - Surgimento do *O Trabalhador*, órgão oficial da Federação Operária de São Paulo, de orientação anarcossindicalista. Seu editor é o espanhol Hermínio Marcos Hernandez.

OUTUBRO
Uruguai - Luís Carlos Prestes parte de Montevidéu para Moscou.

29/10 - RECIFE - Levante do 21º Batalhão de Caçadores de Recife tem o apoio da polícia civil e militar. Dura três dias.

NOVEMBRO
SÃO PAULO - É criada a Opera Nazionale Dopolavoro, uma das importantes entidades fascistas de São Paulo.

26/11 - BÜYÜKADA (TURQUIA) - Leon Trotsky escreve "Está na Alemanha a Chave da Situação Internacional" e vários outros textos que serão reunidos por Mário Pedrosa e publicados pela Editora Unitas sob o título *Revolução e Contrarrevolução na Alemanha*. Nesses textos, Trotsky denuncia a política da Internacional Comunista, que favorece a ascensão do nazismo.

DEZEMBRO
14/12 - AMSTERDÃ - Criação do Partido Nacional Socialista Holandês.

1932

FEVEREIRO
16/02 - SÃO PAULO - O Partido Democrático, que antes apoiava Vargas, junta-se ao Partido Republicano Paulista para formar a Frente Única Paulista, em oposição ao governo federal.

24/02 - RIO DE JANEIRO - O decreto nº. 21.076 institui o 1º Código Eleitoral Brasileiro, que estende às mulheres o direito de votar. Houve ainda alguma polêmica porque, pelo anteprojeto, restavam várias restrições ao voto feminino. Essa versão anterior do texto especificava que no caso, por exemplo, de mulher solteira, só poderia votar aquela que "tenha economia própria e viva de seu trabalho honesto ou do que lhe rendam bens, empregos ou qualquer outra fonte de renda lícita". Ao final, acabou-se desistindo das restrições, e todas as mulheres com mais de 21 anos passaram a ter o direito. Mas o voto continuou obrigatório apenas para os homens.

MARÇO
RIO DE JANEIRO - Na edição número 5 da revista *Hierarchia* (que reunia futuros integralistas e intelectuais católicos em geral e cujo nome se inspirava no da revista oficial do fascismo italiano: *Gerarchia*), Plínio Salgado se derrete ao descrever seu encontro com o Duce: "Numa tarde de junho, depois de ter visto toda a Itália Nova, depois de a ter julgado com todo o rigor, eu me vi, no Palácio Veneza, frente a frente com o gênio criador da política do Futuro. [...] Era Mussolini. Esse homem criara a Nova Itália [...] Lembro-me bem das palavras em minha despedida. Mussolini lera no meu olhar meu grande amor pelo meu Brasil. Augurou-me os mais completos triunfos à mocidade do meu país. E concitando-me a não esmorecer no entusiasmo e na fé pelo futuro do Brasil, pediu-me que fizesse justiça à sua Itália."

12/03 - SÃO PAULO - Plínio Salgado funda a Sociedade de Estudos Políticos, no Salão de Armas do Clube Português, na avenida São João. A SEP é o embrião da Ação Integralista.

ABRIL
05/04 - SANTIAGO - Criação do Partido Nacional-Socialista de Chile.

MAIO
02/05 - BRASIL - Começa uma onda de greves no Rio e em São Paulo, envolvendo ferroviários, padeiros, sapateiros, garçons, operários da indústria têxtil e outros. O governo as reprime duramente, e prende centenas de líderes sindicais.

03/05 - RIO DE JANEIRO - Respondendo às pressões da oposição, Vargas marca as eleições da Assembleia Nacional Constituinte para o ano seguinte.

15/05 - SÃO PAULO - Primeiro número de *I Quaderni della Libertà*, publicação antifascista voltada para a comunidade ítalo-brasileira.

22/05 - SÃO PAULO - Comício na Praça do Patriarca, em São Paulo, contra o governo de Getúlio Vargas.

Página 166: Gustavo Barroso (em pé ao centro) e alguns de seus asseclas integralistas.

23/05 - São Paulo - Depois de mais um comício na Praça do Patriarca, uma multidão saqueia uma loja de armas, ataca jornais pró-Getúlio e atira contra a sede da Legião Revolucionária. Os legionários respondem com disparos de metralhadoras. Muita gente é ferida, e quatro estudantes são mortos: Euclides Bueno Miragaia, Mário Martins de Almeida, Dráusio Marcondes de Souza e Antônio Américo de Camargo Andrade. Começa ali a chamada Revolução Constitucionalista, que será deflagrada oficialmente no dia 9 de julho.

JUNHO
15/06 - Gran Chaco - Início da Guerra do Chaco, entre Bolívia e Paraguai.

JULHO
09/07 - São Paulo - Início oficial da Revolução Constitucionalista. Os dirigentes paulistas esperavam receber o apoio de aliados no Rio Grande do Sul, em Minas Gerais, no Mato Grosso e em outros estados, mas tal apoio não veio.

20/07 - Surgimento do Partido Fascista Argentino. "A democracia liberal, chegada à plenitude senil, lega-nos como corolário seus frutos legítimos: o caos, a desordem, a desocupação e o comunismo judaico", diz seu manifesto.

SETEMBRO
29/09 - São Paulo - A Revolução Constitucionalista é derrotada militarmente.

Rio de Janeiro - Gustavo Barroso, futuro comandante-geral das milícias integralistas, já antissemita furioso (e tradutor do "Protocolos dos Sábios de Sião"), torna-se presidente da Academia Brasileira de Letras. Depois ele iria começar a participar de reuniões da ABL vestido com o uniforme integralista.

OUTUBRO
01/10 - Londres - Oswald Mosley funda o British Union of Fascists, com apoio (financeiro inclusive) de Lorde Ruthermere e seu jornal, o *Daily Mail*.

02/10 – CRUZEIRO (SP) - Rendição dos líderes da Revolução Constitucionalista. Tropas gaúchas ocupam São Paulo. Foi o maior conflito militar brasileiro no século XX.

07/10 - SÃO PAULO - Em cerimônia realizada no Teatro Municipal de São Paulo, é criada a Ação Integralista Brasileira. Sua divisa é a mesma do franquismo e do salazarismo: "Deus, Pátria, Família". Seu símbolo é a letra grega sigma, porque, entre tantas razões, "é a letra com a qual os primeiros cristãos da Grécia indicaram a palavra Deus".

NOVEMBRO

01/11 - SÃO PAULO - É fundada a Legião Cívica 5 de Julho, uma organização ligada ao tenentismo e que irá participar da criação do Partido Socialista Brasileiro.

06/11 - SÃO PAULO - Mário de Andrade, que havia apoiado entusiasticamente a Revolução Constitucionalista, lamenta, em uma carta para Carlos Drummond de Andrade, a indiferença da classe proletária pelas campanhas de alistamento da insurreição comandada pela elite paulista: "Dos quase 200 mil operários de fábrica paulistas, muitos trabalhados pelo comunismo, a contribuição de voluntários para guerrear não foi mínima, foi nula".

15/11 a 25/11 - RIO DE JANEIRO - É realizado o 1º Congresso Nacional Revolucionário, com o objetivo de unificar as diversas tendências tenentistas. Mesmo a Ação Integralista Brasileira chegou a participar (mas se retirou antes de seu término). O Congresso decide fundar o Partido Socialista Brasileiro. Apesar do nome, trata-se na verdade de um partido nacionalista. O socialismo defendido é do tipo "moderado e sadio, adstrito à geografia brasileira". Mesmo assim, o PSB torna-se o abrigo de vários socialistas.

1933

JANEIRO

SÃO PAULO - A educadora anarcofeminista Maria Lacerda de Moura publica seu livro *Fascismo – Filho dileto da Igreja e do Capital*: "O clericalismo é o pai do fascismo. Mussolini e Hitler são os dois braços seculares da Igreja neste momento histórico. Representam o desespero do cristianismo pretendendo reorganizar os autos da fé e acender outra vez as fogueiras da Inquisição."

30/01 - BERLIM - O presidente Hindenburg nomeia Hitler chanceler do Reich.

FEVEREIRO

PORTUGAL - Francisco Rolão Preto, da Junta Central de In tegralismo Lusitano, cria um novo agrupamento político: o Movimento Nacional-Sindicalista, mais alinhado ao "moderno" fascismo da época. Seu símbolo é a Cruz de Cristo. Os integrantes do movimento fazem a chamada "saudação romana" (em moda entre os fascistas de todo o mundo) e serão conhecidos como "camisas azuis", por causa de seu uniforme. Já em meados do ano, Rolão Preto entra em atrito com o Estado Novo do ditador Salazar. Em 1934, o integralista português é exilado e o seu Movimento Nacional-Sindicalista, banido. Como uma repetição da história, em 1937 o integralismo brasileiro entra em atrito com Getúlio Vargas quando é instaurado o Estado Novo. A Ação Integralista é proibida, e Plínio Salgado parte para o exílio em Portugal. Pode-se acusar os autoritarismos brasileiros de quase tudo, menos de qualquer originalidade.

04/02 a 08/02 - PARIS - Pré-Conferência Internacional da Oposição Internacional de Esquerda, que reafirma a política de "oposição" e de "reforma" dos PCs e da Internacional Comunista.

05/02 - SÃO PAULO - Fundação da seção paulista do Partido Socialista Brasileiro.

27/02 - BERLIM - Incêndio do Reichstag, sede do parlamento alemão. A polícia acusa um jovem antifascista holandês, Marinus van der Lubbe. Os nazistas dizem que van der Lubbe faz parte de uma suposta conspiração comunista e usam o incêndio como justificativa para uma maior concentração de poderes nas mãos de Hitler. Os comunistas denunciam o processo jurídico farsesco e sustentam que o incêndio é parte de uma conspiração dos próprios nazistas. Os anarquistas, em geral, aplaudem van der Lubbe como um herói.

Páginas 170 e 171: Congresso integralista no Rio de Janeiro.

MARÇO

04/03 - VIENA - Na Áustria, o chanceler Engelbert Dollfuss, do Partido Social Cristão, apoiado pela burguesia e pela Igreja Católica, fecha o Parlamento, suspende as liberdades civis e prende vários líderes do Partido Socialista. É o início do "austrofascismo".

23/03 - BERLIM - O parlamento alemão aprova a Gesetz zur Behebung der Not von Volk und Reich ("Lei para sanar a aflição do povo e da nação"), mais conhecida como Lei de Concessão de Plenos Poderes. É o início da ditadura de Adolf Hitler. A lei é aprovada graças à Igreja Católica, que ordena a seu partido, o Zentrum, que vote a favor. Como os comunistas tinham sido banidos, os únicos votos contrários são do Partido Socialista.

28/03 - ALEMANHA - O Partido Nazista ordena um boicote às lojas pertencentes a judeus.

ABRIL

PORTO ALEGRE - Constituição da antifascista Liga für Menschenrechte Ortsgruppe Porto Alegre (Liga de direitos humanos grupo Porto Alegre), que reuniu socialistas em geral e, principalmente, anarquistas. Nesse mesmo mês, a Liga lança seu jornal: *Aktion*, que durou até outubro de 1937 e teve cerca de noventa edições.

03/04 - SÃO PAULO - Primeiro desfile integralista na cidade.

11/04 - LISBOA - Entra em vigor a nova Constituição elaborada por António de Oliveira Salazar. É a implantação do Estado Novo. Sua divisa: "Deus, Pátria, Família". A ditadura salazarista só vai terminar em 1974, com a Revolução dos Cravos.

26/04 - BERLIM - Criação da Gestapo.

MAIO

02/05 - Na Alemanha, tropas de choque nazistas tomam violentamente as sedes dos sindicatos. Eles são substituídos por uma Frente Alemã do Trabalho, comandada pelo Partido Nazista. Fica proibida qualquer tipo de representação operária independente.

03/05 - BRASIL - Eleição para a formação da Assembleia Nacional Constituinte. Em São Paulo, o Partido Socialista Brasileiro, apesar do apoio do governo federal (ou por causa disso), tem um péssimo resultado: apenas três deputados eleitos, entre eles Zoroastro Gouveia. Isso provoca uma debandada dos carreiristas e da ala direita do partido. Ficam apenas os socialistas de fato.

19/05 - São Paulo - Um grupo armado invade e depreda a sede da Federação Operária de São Paulo. Sindicalistas são levados para uma delegacia, de onde eles são liberados apenas no dia seguinte, quando o delegado, ao chegar para o trabalho, diz que não sabe quem ordenou as prisões e o ataque.

27/05 - São Paulo - Circula o primeiro número do jornal antifascista *O Homem Livre*.

JUNHO
17/06 - São Paulo - *O Homem Livre* n° 4 publica "Enquanto se prepara o 'Raid" de Balbo. Como se assassina Antonio Gramsci", o primeiro texto sobre o comunista italiano publicado na imprensa brasileira. O artigo foi escrito pelo imigrante trotskista Goffredo Rosini, que fora companheiro de Gramsci no PC italiano e também na prisão. O editorial do *Homem Livre* n° 4 responde a um ataque do semanário fascista *Corrieri degli Italiani* contra o jornal antifascista, que seria, segundo *Corrieri*, uma "cobra que injeta veneno", uma "seringa venenosa" que trata "sarcasticamente [...] uma instituição [o governo fascista italiano] que não diz respeito, de nenhuma forma, aos brasileiros". O HL responde: "O fascismo nos interessa sob todos os pontos de vista. Em primeiro lugar, porque somos educados num alto senso da liberdade e a defendemos onde quer ela esteja sufocada e consideramos como feita contra nós a ofensa feita contra um nosso semelhante".

O jornal também traz um desenho de George Grosz que mostra um grupo de nazistas nus botando fogo em livros. Uma nota esportiva comemora a vitória do boxeador judeu Max Baer sobre o alemão Max Schmeling (o boxeador favorito de Hitler).

22/06 - São Paulo - Um policial infiltrado registra que, nesse dia, anarquistas se reuniram para criar um Comitê Antifascista Libertário.

25/06 - É fundado, em São Paulo, nas dependências da União Cívica 5 de Julho, a Frente Única Antifascista.

A Luta de Classe

PROLETÁRIOS DE TODOS OS PAÍSES, UNÍ-VOS!

ÓRGÃO DA LIGA COMUNISTA S.B. da O.I.E. (BOLCHEVIQUES-LENINISTAS)

Ano IV - N. 14 — Rio de Janeiro, 29 de Julho de 1933 — Preço: 200 réis

---

Operários do Partido! Não deixeis que os burocratas stalinistas continuem a fazer o jôgo do facismo! Obrigai o Partido Comunista, a Juventude e o Socorro Vermelho a ingressar na Frente Unica Antifacista!

Declaração dos delegados pertencentes á Oposição Internacional de Esquerda (bolcheviques-leninistas) para o Congresso de Luta Contra o Facismo (1)

A vitória de Hitler na Alemanha demonstra que o capitalismo não pode viver mas contados da democracia, nem mesmo póde cobrir-se de trapos democráticos; ou a ditadura do proletariado, ou a ditadura aberta do capital financeiro; ou os sovietes operários, ou os bandos armados da populaça pequeno-burgueza desenvaidada.

O facismo não tem e não póde ter um programa para sair da crise do regime capitalista. Mas isto não quer dizer que o facismo entrá automáticamente, ultima a sua própria inconsciência. Não, êle sustentará a exploração capitalista arruinando o paiz, abaixando a sua civilização e trazendo ainda mais selvajaria nos costumes. A vitória do facismo é o resultado da incapacidade do proletariado de tomar em suas mãos a sorte da sociedade. O continuar a questionar o proletariado de viver enquanto o proletariado de lhe resistar.

A social-democracia entregou a revolução proletaria de 1918 a burguezia e, destarte, salvou ainda uma vez o capitalismo periclitante; foi ela a única a não só passado dez, assim, á burguezia a possibilidade de opprimir, na etapa immediata, sôbre o banditismo facista. Decando dum degrau ao outro, até buscar do "menor mal", a social-democracia acabou votando no feldmarechal reacionário Hindenburg que, por sua vez, chamou Hitler ao poder. Demonstrando o caracter do trabalhadores por meio das illusões da democracia no capitalismo apodrecido, a social-democracia fez o pôso o proletariado de todas as fôrças de resistência.

As tentativas de lançar essa responsabilidade histórica fundamental sôbre o communismo são absurdas e deshonestas. Sem o communismo, á ala esquerda do proletariado se teria emasculado, a luta fôsse menos tenaz, porém o campo do anarquismo muito simplesmente: pola engraraado os traços de forma acerescida do facismo. O exemplo da Austria demonstra como abundancia de provas isso, onde, ditada as franquezas da social-democracia, a social-democracia reina de forma exclusiva nas filieiras da classe operária, não se prepara, gradualmente, o triumfo do fascismo.

Os vértices do reformismo alemão estão tentando, agora, adaptar-se ao regime da fôrça bruta e emanciapar-se no triumfo das suas. Quem hoje fala de benefícios que a revolução bolchevista alcançou no desmanchou mesmas esta forçando.

Em vão! O facismo leva consigo e o vergesto o proletariado do monopolio dos cargos públicos e dos seus rendimentos. A II

(1) No próximo número da "Luta de Classe", noticiaremos o que foi êsse congresso, que o as diritas transformaram numa pequena reflexão fascista o da sua Oposição de Esquerda.— A Redação.

---

quidação da burocracia reformista, resultado secundário da derrota das organizações proletárias, representa o pagamento pela série ininterrupta de traições da social-democracia, a partir de agosto de 1914.

Os chefes das outros partidos sociais-democratas tentam, agora, tomar distancias de seus irmãos de armas alemães. Berlo, entretanto, havendo levantado inadmissivel acerca-se a palavra de críticos "de esquerda" da Internacional reformista, cujas seções se encontram, todas, em differentes trechos do mesmo caminho. Como em tempo da guerra imperialista, no processo de desmoronamento da social-democracia burgueza, cada partido da II Internacional se prepara para reduzir á propria reputação á causa da sua propria política nacional. Mas, no fundo, todos Leon Blum sustenta o governo da França militarista e imperialista. Vandervelde, presidente da II Internacional, não a fechou, ao que substentou em, a sua falte-instaura deleixo dessa mesma paz de Versalhes que deu ao facismo alemão as dimensões atuais.

Todos as principais teses fundamentais dos quatro primeiros congressos da Internacional Communista cróbem o caracter de puterecção do capitalismo imperialista, sôbre a inevitabilidade da decomposição da democracia burgueza, sôbre a necessidade do reformismo, sôbre a renunciabilidade pela dictatura da social-democracia) foram inabalavelmente confirmadas pelos acontecimentos da Alemanha. A sua importante falta, foi demonstrar "por absurdo"; não pela victoria, porém pela catástrofe. Si, em sua grande culpa de annos de atividade o I. C. e a social-democracia logram alcançar a política do "menor mal" e o seu resultado final, não é possível se conceber na historia contemporanea, é preciso convir em que o que se vem realizado a luta pode atingir á sua missão historica.

Até 1923, a I. C. marchou, quanto em interrupção, na cabeça do proletariado, encarregando-o que o fazia a social-democracia. Nos últimos dez annos ela se deixou de que havia guia do proletariado, como não tinha tido una profunda degeneração qualitativa.

A manifestação do partido communista oficial na Alemanha é o acabamento fatal do "linha geral", começada pelas aventuras da Bulgária, da Estônia, pela teoria e a prática do "bloco de quatro claesse" na China, pela não conhecida traição ao movimiento a pela traição á avenida do Cantón, pela traição de Canton, pela traição a alma insureição Vietnem, pela época da revolução burgueza, pelo pena, pela revolução pelo capitulação pela "época terceira", pela politica do "socialfacismo", pela políti-nacional, pelos cancarros do o concurso 'do' Kemal é os quatro...

O Comicio de 14 de Julho na Lega Lombarda

A Frente Unica Antifacista realizou, a 14 de Julho, no salão da Lega Lombarda, mais um grande comicio, no qual foi lido o manifesto inaugural, aprovado pelas organizações coligadas. Falaram os representantes da União Sindical dos Profissionais do Volante, da União dos Trabalhadores Gráficos, do "Homens Livre", do Grupo Antifacista "L'Italia Libera", de "La Rua", do "Brasil Novo" e da Liga Comunista, além de vários outros oradores sem partido que pertenceram ás organizações não-coligadas, entre os quais os do Partido Comunista, da Juventude e do Socorro Vermelho.

O comicio esteve muito corrido, tendo constituído um dos maiores triunfos da campanha antifacista em São Paulo. Todos os oradores poderam falar livremente, expondo os seus princípios e opiniões.

Apenas o representante do Partido Comunista foi interrompido por elementos da corrente anarquista, que pretenderam impedí-lo de continuar. O camarada Aristides Lôbo, porém, como presidente da reunião, conseguiu restabelecer a ordem e sustentar na tribuna o orador do Partido.

Ao terminar o comicio, foram efetuadas numerosas prisões, sendo levados para o Gabinete de Investigações os camaradas Aristides Lôbo e vários operários do P. C. já algumas horas depois, havia sido preso o camarada Manoel Medeiros, secretário geral da U. T. G. No dia seguinte, foi tambem preso o camarada Mário Pedrosa.

Ora o arsenal democrático, que a Constituição permittiu a realização do comicio anti-facista encarcerou, por nele terem tomado parte, mais de uma dezena de militantes operários.

AOS NOSSOS DISTRIBUIDORES

As contas relativas á venda da "Luta de Classe" devem ser prestadas dentro do prazo de 10 dias, a contar da data da saída do jornal.

A ADMINISTRAÇÃO.

Correspondência para "A Luta de Classe"

Qualquer correspondência para "A Luta de Classe" (cartas, colaboração, etc.) pode ser enviada para o seguinte endereço:

Marcelo V. Araña
Calle Santiago de Chile, 1072
Montevideo (Uruguay)

A ADMINISTRAÇÃO.

Quem dá "assunto" aos jornais burguezes?

De uns tempos a esta parte, não há jornal burguês que se encontre em dificuldades para encher as suas colunas com argumentos desmoralizantes contra a União Soviética e o comunismo. Ainda a 12 do corrente, publica "O Estado de S. Paulo" o seguinte telegrama:

"BERLIM, 12 — O Welt am Abend, ex-jornal communista, hoje orgão nazista, escreve que, no fundo, os fins visados pela União Sovietica, pelo facismo e pelo nazismo se distinguem apenas no tocante aos métodos empregados.

O jornal commenta: "A Russia procura estabelecer o bem-estar geral mediante supressão da propriedade e realização do socialismo de Estado. A Italia e a nova Alemanha deixam subsistir a propriedade, mas dão ao homem toda a latitude para desenvolver o espírito de empreendimento.

Os dois sistemas se assemelham, entretanto, pósto que se esforçam por quebrar o dominio illimitado do capitalismo sôbre o indivíduo e o Estado.

Não foi por acaso que o primeiro ato diplomático do nôvo governo alemão consistiu na renovação do tratado de amizade russo-alemão. O fato da supremacia do Partido Communista na Alemanha veio facilitar grandemente o progresso das boas relações entre os dois países. A admiração pela Alemanha é, como ideal político, já passado. Hoje, podemos com espírito crítico, o esforço de reconstrução da Russia, Estado totalitario, com o qual mantemos importantes relações comerciais e culturais e profundos desejamos?"

Quem que nos más do hinterland há de classe essas arpas de communismo cada fornecendo assumpto aos escritos da burguesia? Quem dá "assunto" aos jornais burguezes? Que os operários revolucionários nos respondam.

JULHO

02/07 - São Paulo - *O Homem Livre* n° 6. Toda a primeira página é para comemorar a constituição da Frente Única Antifascista de São Paulo. Nas páginas internas, entre várias matérias, uma denuncia o uso de métodos fascistas pela polícia carioca, dirigida por Filinto Müller, que proibiu qualquer assembleia ou reunião sindical sem prévia autorização policial. Além disso, Mário Pedrosa escreve dois artigos: um sobre a artista plástica Käthe Kollwitz e outro sobre o filme Scarface.

08/07 - São Paulo - Box na capa do jornal *O Homem Livre* n° 7: "'O Homem Livre' foi obrigado a mudar de tipografia. Elementos fascistas da colônia alemã tiveram bastante força e desplante para fazer com que o proprietário da tipografia que imprimia nosso jornal de combate se visse na contingência de não poder continuar a prestar os seus serviços. Esses agentes do fascismo alemão, dentro da vida nacional, têm pois capacidade de boicotar o que for contra os interesses universais do fascismo. São a teia do obscurantismo, que imobiliza até o trabalho privado, o exercício da profissão de quem não lhe é favorável." Outra nota informava que, desde o dia 5 de junho, a fachada do consulado alemão na rua Liberdade, em São Paulo, passou a ter, além da bandeira da Alemanha, também a bandeira nazista. "Pela primeira vez, parece, tremulou esse ultrajante pendão sob os céus paulistas". O socialista italiano Francesco Frola escreve sobre a parceria do papa com o fascismo.

11/07 - Toronto - Acontece uma grande greve em protesto contra o hitlerismo e contra a violência policial local, com a participação de 25 mil operários. A greve é liderada pela seção canadense da trotskista Oposição de Esquerda Internacional e pela ala esquerda do grupo operário judaico Poale Zion. É, até então, a maior manifestação da classe operária contra o fascismo na América do Norte.

14/07 - São Paulo - Comício da Frente Única Antifascista, em São Paulo, na Lega Lombarda, presidido por Aristides Lobo, da Liga Comunista Internacionalista. É divulgado o "Manifesto da Frente Única Antifascista".

14/07 - BERLIM - Na Alemanha, o Partido Nazista proíbe todos os outros partidos.
20/07 - ROMA - Assinatura da Concordata entre a Alemanha e o Vaticano. É a retribuição de Hitler pelo apoio católico à aprovação da Lei de Concessão de Plenos Poderes, que instaurou a ditadura nazista. Com a assinatura do acordo, o Vaticano entra para a história como o primeiro país a reconhecer a legitimidade do regime nazista.
29/07 - SÃO PAULO - *A Plebe* nº 35: "Combater o fascismo é uma questão de dignidade humana. [...] Os arremedos hitleristas e mussolínicos começam a se manifestar, olfateando sorrateiramente a ocasião. Nalguns bairros desta grande metrópole movida por milhares de braços proletários, já os mensageiros do 'duce' se embriagam no recrutamento dos 'squadristi' a quem devem entregar a monstruosa camisa oliva, e iniciar a matança, o incêndio e a destruição fazendo reviver o passado da Inquisição em pleno século XX."

AGOSTO
01/08 - SÃO PAULO - O jornal católico *Diário de Aparecida*, em um artigo chamado "Alerta, católicos", alertou seus leitores contra a Frente Única Antifascista: "Notemos, enfim, que há nessa coligação a 'Liga Comunista'. Todos esses partidos são aliados dos comunistas: certamente não é preciso dizer mais nada." A edição nº 10 de *O Homem Livre* responde: "[...] aquele ninho de parasitas de batina que vive e se nutre da crendice do povo nos milagres da santa, já assestou as baterias contra os antifascistas do Brasil e boicota os seus jornais, ameaçando com o fogo eterno os que os lerem..." O HL também descreve as caravanas do líder integralista Plínio Salgado e seu jovem escudeiro Miguel Reale: "Os brasileiros das diversas 'províncias' serão submetidos, desta feita, ao inaudito suplício de engolir a indigesta e rançosa sopa que constitui a alimentação celestial do menino Miguel Reale. A menos que o divino Plínio não perca no mar as já oleosas e sujas papeletas, pois neste caso estaria para sempre liquidada a balbuciente eloquência do nosso mussolini-mirim."

01/08 - BUENOS AIRES - Estudantes argentinos declaram greve geral em protesto contra a visita de uma delegação nazista ao país.

14/08 - SÃO PAULO - O jornal *O Homem Livre* nº 11 pede a derrubada do Carandiru, considerado então um orgulho do moderno sistema prisional de São Paulo, parte até do roteiro turístico de autoridades estrangeiras em visita à cidade. O HL não se deixa impressionar pela modernidade da obra: "Se os franceses derrubaram a Bastilha, os brasileiros deveriam derrubar mil vezes a Penitenciária de São Paulo."

22/08 - SÃO PAULO - Um artigo na primeira página de *O Homem Livre* nº 12 analisa as ideias fascistas do general Góis Monteiro, futuro ministro da Guerra de Getúlio Vargas. Também na capa, uma defesa do ensino laico. Dentro do jornal, o artigo "Depois da morte de Giacomo Matteotti" lembra o sequestro e assassinato do deputado italiano por uma milícia fascista.

25/08 - PARIS - A Oposição Internacional de Esquerda e mais três organizações (SAP, RSP e OSP) assinam a Declaração dos Quatro, chamamento à formação de uma nova Internacional, a IV.

SETEMBRO

02/09 - SÃO PAULO - O jornal *O Homem Livre* nº 13 convoca as entidades que assinaram o programa de fundação da Frente Única Antifascista para que efetivamente se envolvam no desenvolvimento da luta. Também na capa, o jornal aponta que a concorrida disputa pelo lugar de líder dos fascistas brasileiros tem mais um candidato: o escritor Menotti del Picchia, que propôs dividir o país em 21 fascios, com 21 "Duces". Dentro do jornal, entre tantos artigos, um anúncio do *Freie Presse*, uma publicação antinazista da comunidade alemã de São Paulo.

21/09 - LEIPZIG - Início do processo sobre o incêndio do Reichstag, que se encerra em 23 de dezembro.

OUTUBRO

09/10 - SÃO PAULO - *O Homem Livre* nº 16 reproduz o trecho de uma matéria do *Voelkischer Beobachter*, jornal oficial do Partido Nazista alemão, que fala do Congresso de Nuremberg: "Lista dos representantes dos países que comparecerão, na qualidade de hóspedes de honra, ao Congresso nacional-socialista de Nuremberg: Estônia, Dinamarca, Bolívia, Egito, Portugal, Haiti, S. Domingos, Peru, Bulgária, Lituânia, China, Pérsia, Argentina, Noruega, Romênia, Letônia, Suíça, México, Sião, Hungria, Grécia, Estado Livre da Irlanda, Finlândia, Guatemala, Turquia, Itália, Afeganistão, Cuba, Nicarágua, Brasil". *O Homem Livre* faz sua reclamação: "É pena que o jornal nazista tenha ocultado os nomes dos que representam os países acima nesse certame de bandidos." O jornal lamenta em especial a ausência do nome do representante brasileiro em tal encontro: "Deixe de lado a modéstia, tire a máscara para nos permitir de ver-lhe o focinho de suíno."

13/10 - São Paulo - No Presídio do Paraíso, em São Paulo, anarquistas, stalinistas e trotskistas lembram conjuntamente o aniversário do fuzilamento do pensador e pedagogo anarquista Francesc Ferrer. O jornal anarquista *A Plebe* conta como foi: "Éramos vinte e cinco: vinte e cinco presos sociais. Embora divergentes em princípios e nos métodos de luta, entre todos os que nos achávamos no dia 13 de outubro entre as grades da cela nº 8 do 'Paraíso' (oh ironia!) comemorou-se conjuntamente a passagem do 23º aniversário do fuzilamento de Ferrer. A proposta partira dos nossos 'primos' stalinianos que lá se encontravam presos. Nós, os libertários, acedemos da melhor vontade; o mesmo fizeram os trotskistas presentes. A sessão teve início às quinze horas.

"O camarada Hermínio[1] abriu a sessão [...] quando nosso camarada discursava, notamos que não o estava fazendo só para nós, que estávamos presos. Através dos cinquenta centímetros de grade, tivemos o gosto de ver que no corredor se havia aglomerado toda a população livre do presídio: funcionários, escrivães, cozinheiros, ajudantes e soldados da guarnição estavam atentos, uns disfarçadamente, outros rodeando a nossa cela transformada em salão.

"Ao terminar o discurso, ouvimos aplausos que partiam de outras celas, vivas à liberdade, e outras expressões de esperança e de condenação ao regime em que vivemos."

---

1 Provavelmente Hermínio Marcos Hernandez.

14/10 - BERLIM - Alemanha abandona a Liga das Nações.

15/10 - FORTALEZA - Um bando de integralistas, acompanhados de militares, alunos do Colégio Militar e membros da Legião Cearense do Trabalho (liderada por Helder Câmara) invadem uma assembleia sindical que acontecia na sede da Liga Operária Independente, na praça do Ferreiro, em Fortaleza. Entram atirando e desferindo golpes de cassetete. Diversas pessoas ficam feridas, entre elas o professor Jader Carvalho, que discursava no momento da invasão e levou um tiro. A ação é celebrada por integralistas de todo o país.

O jornal *O Homem Livre* da semana seguinte denuncia a tática fascista e alerta: "O comunicado dos integralistas não disfarça o seu contentamento: ao contrário, procura dar ao fato um caráter de vitória e de incitamento. Um exemplo a ser seguido por todos os componentes da capangada. Compreenderam os antifascistas agora [...] que quando afirmamos que o fascismo visa aniquilar FISICAMENTE os seus adversários, dizemos a verdade, e só a verdade?".

NOVEMBRO
SÃO PAULO - O A.U.C., jornal da Ação Católica Universitária, ataca a Frente Única Antifascista dizendo que é preciso "evitar que se alastre a centelha rubra que a 'frente única' judaica-maçônica-bolchevista procura lançar sobre nosso operariado".

14/11 - SÃO PAULO - Reunião de antifascistas no Centro de Cultura Social, em São Paulo, é interrompida por integralistas. A polícia observa sem fazer nada. Depois que o tumulto acaba e os integralistas fogem, os policiais atacam com tiros os antifascistas que voltavam para casa. Diversos sindicalistas são presos e espancados.

17/11 - WASHINGTON - Reconhecimento da URSS pelos Estados Unidos.

20/11 - NITERÓI - Gustavo Barroso, líder integralista e presidente da Academia Brasileira de Letras, irrita-se com Nair Coelho, uma jovem militante operária de Niterói, que vaiava uma manifestação integralista, e a agride a bengaladas. Segundo os jornais da época, ele teria quebrado um braço da jovem.

DEZEMBRO

01/12 - Paris - O jornal trotskista francês *La Verité* chama a formação de uma grande milícia proletária antifascista, reunindo comunistas, socialistas e anarquistas:

"A polícia os protege. Seu objetivo é idêntico ao fascismo italiano ou alemão: DESTRUIÇÃO DAS ORGANIZAÇÕES DA CLASSE OPERÁRIA, REFORMISTAS OU REVOLUCIONÁRIAS.

"Recordai o que se passou na Alemanha! Fonte de 15 milhões de votos, de sindicatos, de clubes, de corporações e de partidos, a classe operária foi espezinhada sem resistência pelos bandidos fascistas. Não deixaremos que isso se repita.

[...]

"O operário socialista, como o anarquista, sabe que a destruição dos comunistas significaria também seu fim. Todos devem, pois, constituir conjuntamente uma milícia, cujos objetivos devem ser delimitados, a fim que fique ressalvada a liberdade de cada membro ter suas próprias ideias."

02/12 -São Paulo - *A Plebe* nº 48 publica um manifesto da Federação Operária de São Paulo:

"Companheiros: Diante do incremento que estão tomando as hordas integralistas mediante a proteção dos magnatas da indústria, das finanças, do Clero e das autoridades, a Federação Operária de S. Paulo se sente no dever de chamar vossa atenção para o perigo que constitui permanecerem indiferentes ao desenvolvimento do fascismo indígena.

"Os acontecimentos da Itália e Alemanha são por demais expressivos e nos demonstram a sorte que nos espera se os 'Camisas-oliva' adquirirem a força necessária para enfrentar o povo. "As poucas liberdades que ainda desfrutamos desaparecerão por completo.

"[...] Os anarquistas, comunistas, sindicalistas, socialistas e até os republicanos sinceros serão condenados a desaparecer. O assassino traiçoeiro e covarde esperará os que não queiram se submeter.

"[...] Se queremos evitar que o fascismo triunfe, não podemos perder tempo. Desde já devemos iniciar uma ação prática para exterminá-lo.

"[...] As rivalidades sociológicas, as discussões de princípio ou táticas, passam neste momento a ter caráter secundário ante o crime organizado. Combater o integralismo é a suprema necessidade do momento."

09/12 - São Paulo - *A Plebe*: "por trás dos 'camisas-olivas' está o reacionarismo clerical e a sombra negra das organizações policiais, ao serviço da plutocracia e do clero."

13/12 - Recife - Criação da Ação Pernambucana Antifascista.

14/12 - São Paulo - A FUA realiza reunião na Lega Lombarda.

30/12 - São Paulo - *A Plebe*, no artigo "A última cria da clericanalha", destaca a frase do cardeal Sebastião Leme: "O Duce é um homem providencial, o braço forte da Igreja".

1934

O governo italiano, apesar de, intimamente, não considerar Plínio Salgado grande coisa e seu programa uma cópia ruim do programa fascista, orienta os fascistas brasileiros a se integrarem em massa à Ação Integralista, inclusive para se sobreporem à crescente influência nazista.

JANEIRO

03/01 - São Paulo - O jornal *O Homem Livre* denuncia que o Partido Nazista de São Paulo está fazendo seus treinamentos militares próximo da estação ferroviária Rio Grande. "Os exercícios principais a que se entregam são tiro ao alvo móvel, luta corporal, golpes de força e outros, especialmente indicados para assaltos de rua".

10/01 a 12/01 - São Paulo - Acontece, na sede da Associação dos Empregados do Comércio de São Paulo, o Congresso do Partido Socialista Brasileiro, que ratifica a guinada à esquerda do partido, assumindo-se como social-democrata. É eleita uma nova direção, que inclui João Cabanas, Zoroastro Gouveia e o italiano Francesco Frola, um dos mais combativos antifascistas de seu tempo.

15/01 - HAVANA - Golpe de estado em Cuba, com o apoio do governo norte-americano, põe o coronel Fulgencio Batista no poder.
16/01 - FORTALEZA - Lançamento do *Flama*, jornal antifascista do Ceará.
25/01 - SÃO PAULO - Manifestação convocada pela Frente Única Antifascista para o Largo da Concórdia é violentamente dissolvida pela polícia.
26/01 - SÃO PAULO - A polícia invade a sede da União dos Trabalhadores Gráficos, onde se realizava uma conferência do antifascista Francesco Frola, que é levado preso.
27/01 - FORTALEZA - É criada a Frente Acadêmica Antifascista de Fortaleza.

FEVEREIRO
12/02 a 16/02 - AUSTRIA - Guerra Civil Austríaca, na qual o direitista Partido Social Cristão vence as milícias do Partido Socialista.
15/02 - ESPANHA - É fundada a Falange Española de las JONS (Juntas de Ofensiva Nacional Sindicalista), feroz grupo paramilitar de extrema-direita. Seu líder, José Antonio Primo de Rivera, é filho do ex-ditador Miguel Primo de Rivera.

MARÇO
03/03 - VITÓRIA - Realiza-se o 1º Congresso da Ação Integralista Brasileira.

MAIO
01/05 - FORTALEZA - Manifesto do Partido Republicano Socialista do Ceará anuncia sua ofensiva contra a extrema direita do estado. "O principal objetivo da Ofensiva de Maio, neste Estado, é apressar a dissolução dos três fatores do fanatismo medieval que envergonham o Ceará: a Legião Cearense do Trabalho, a Ação Integralista e a Liga Eleitoral Católica."
15/05 - RIGA - Golpe de estado na Letônia e instalação de uma ditadura fascista.
17/05 - RIO DE JANEIRO - Fundação do jornal integralista *A Offensiva*.

PROLETÁRIOS DE TODOS OS PAÍSES, UNI-VOS!

O Comunista

Órgão da Liga Comunista Internacionalista
(REGIÃO DO RIO)

[I ERO] AGOSTO — A MISTIFICAÇÃO INTEGRALISTA — 1934 — Nº 5 Pag 1

Os facistas do Brasil, imitando, aliás, os seus colegas do outro continente, vêm empregando uma das suas armas prediletas com desusado cinismo; Estes ajuntamento de desclassificados em camisa, não contentes com a excessiva demagogia que empregam antes da tomada do poder, lança de preferência uma mistificação política de tal ordem, que faz sorrir tristemente áqueles que não supunham, até aqui, pudesse a especie humana ter indivíduos que, em defeza do regime capitalista, decessem tanto.

Vamos examinar friamente um dos papeluchos que por aí andam sendo espalhados.

Os integralistas estabelecem como uma das condições, para amar o Brasil, o ingresso nas suas hostes. A cretinice dessa "condição" sobresae logo à primeira vista. Em primeiro lugar nunca houve (e enquanto o Brasil estiver sob o dominio da burguezia não haverá) um partido, uma organização politica que viesse de publico, declarar não ter em vista, sempre os altos interesses do país, objetivo resultante de um profundo "amor" ao Brasil. Não é isto verdade? Aqui t[em]os tido uma quantidade bem apreciavel de partidos que, todos eles dizendo-se defensores dos superiores interesses do país, nada mais fazem, praticamente, que defender os interesses dos capitalistas. O PRP e os restantes PR, que viveram vários anos a susta do suór do povo trabalhador, utilizaram-se sempre desses e outros metodos, tal qual a Aliança Liberal que, hoje no poder, nada mais faz que empregar os mesmos processos de seus antecessores. E os integralistas por sua vez, apezar de viverem enchendo a boca com as suas "novidades" empregam os mesmos ardis até aqui fartamente utilizados por outros partidos burguezes, procurando espalhar o seu profundo "amor" ao Brasil, sem explicar entretanto, porque seriam eles mais sinceros que os outros e porque devem os trabalhadores hipotecar-lhes confiança. Organizar um partido composto da escoria social, de lacaios do capitalismo, e distribuir camisas coloridas e vir dizer que esta, -sim- a organização politica que salvará o Brasil, - não é totalmente difícil, convenhamos, (as ruas da cidade estão cheias de vigaristas e ha quem não os conheça) mas não inspira confiança, absolutamente ao proletariado, porque este vive exclusivamente do seu trabalho, porque este sabe, ve e sente que outros v vivem á custa da exploração do seu trabalho e porque, no meio de toda essa infamia social, o trabalhador passa fome, enquanto o ocioso regala-se de barriga cheia, bem alimentado. O que os integralistas não cinfessam (porque os seus objetivos são inconfessaveis), é que o seu "profundo amor ao Brasil" é igual ao de Mussolini na Italia e de Hitler na Alemanha, isto é, um profundo amor ao poder que utilizarão da maneira mais barbara e violenta contra o proletariado e suas organizaçoes de defeza.

Esta canalha se apresenta ao publico, atravéz de seus papeluchos, como "soldado da patria", defensores da honra, do direito é da familia"!

Eliminando todos os partidos políticos e cerceando todas as liberdades; instituindo como dizem, o Estado totalitario e mantendo a propriedade privada dos meios de produção, éé do sólo, -como o fizeram Mussolini e Hitler nada mais restará sinão o mesmo regime, na sua forma mais brutal e sanguinaria. Garantir este regime; eis a tarefa do "soldado da pátria...integralista"!!

Impedindo a circulação dos jornais que defendem os interesses dos trabalhadores, distruindo suas organizações de classe, aniquilando a sua vanguarda, aviltando a massa trabalhadora, escravizando os lavradores, violando os lares operarios, - é o que os facistas chamam cinicamente ser "soldado da honra"!

Como "soldado do direito" os integralistas empregarão a violencia mais desenfreada no sentido do capitalista ter direito de continuar acionista de bancos, proprietário de predios, dono de grandes extensões de

19/05 - SÓFIA - Golpe de estado na Bulgária. Assume o poder uma ditadura militar.
20/05 - RIO DE JANEIRO - Desfile de 4 mil integralistas.

JUNHO
09/06 - SÃO PAULO - O jornal anarquista *A Plebe* traz uma notícia da Paraíba: "Na sede do Centro Paraibano, à rua Floriano Peixoto, nº 133, foi instalada a Frente Acadêmica Antifascista". E também informa que, no Ceará, foi dissolvido o Núcleo Integralista Gustavo Barroso, graças talvez à ação dos antifascistas locais.
14/06 - VENEZA - Encontro de Hitler e Mussolini.
24/06 - SÃO PAULO - Desfile de 3 mil integralistas.
30/06 - ALEMANHA - A "Noite dos Longos Punhais". Uma luta interna nazista: Hitler faz as SS e a Gestapo massacrarem os membros da SA e possíveis rivais dentro do partido. São centenas de mortos e milhares de presos.

JULHO
02/07 - SALVADOR - Desfile integralista na Bahia.
03/07 - NITERÓI - Inicia-se a 1ª Conferência Nacional do PCB.
15/07 - RIO DE JANEIRO - É promulgada a nova Constituição brasileira.
25/07 - VIENA - O chanceler fascista Dollfuss é assassinado pelos nazistas austríacos, em uma tentativa frustrada de golpe de estado.
25/07 - PARIS - Pacto de unidade na França entre o PC e o PS.
30/07 - SÃO PAULO - A exibição de *Mocidade Heroica*, um filme de propaganda nazista, no Teatro São Paulo, provoca tumulto e é alvo de sabotagem. *O Diário da Manhã* deu sua versão dos fatos: "A exibição de uma fita, a *Mocidade Heroica*, o filme de propaganda nazista, está destinado a uma trajetória tumultuosa. Quando apresentada no Odeon verificaram-se assuadas e tumultos, que obrigaram a polícia a intervir. Agora chegou a vez de São Paulo. Anunciada para ontem, o cinema encheu-se. Alemães, nazistas ou não, austríacos, judeus, fascistas e antifascistas. Esses espectadores iriam certamente se entrechocar, com evidente peri-

go para o sossego público, e por isso lá se encontravam, a postos, inspetores da Delegacia de Ordem Social.

"Já o espetáculo havia começado quando um odor enjoativo, repugnante mesmo, começou a invadir inteiramente a sala de exibição. Todos se sentiam incomodados, num mal-estar crescente. Ascenderam-se as luzes. Procedeu-se a uma vistoria, sendo encontrada uma bomba, preparada com ingredientes químicos, destinada a provocar enjoo. Outras, em número de cinco, foram igualmente encontradas nas dependências sanitárias e embaixo de uma escada.

"A notícia do encontro de bomba correu célere, provocando pânico entre os espectadores."

AGOSTO

02/08 - NEUDECK (POLÔNIA) - Morte do presidente Hindenburg: Hitler assume suas funções.

17/08 - PARIS - Acordo do PC e do PS italianos por uma frente comum antifascista. Na França, entrada dos membros da Liga Comunista (trotskista) no Partido Socialista.

SETEMBRO

05/09 - NUREMBERG - O congresso do partido nazista em Nuremberg é filmado pela cineasta Leni Riefenstahl, e o resultado é *Triunfo da Vontade (Triumph des Willens)*, uma das mais poderosas peças de propaganda política do século XX.

09/09 - Sir Oswald Mosley havia convocado uma grande manifestação de seu British Union of Fascists para o Hyde Park, em Londres. Os antifascistas chamaram uma contramanifestação para o mesmo dia, horário e local, e por isso foram atacados pela imprensa, pelos partidos conservadores e pela direção do Partido Trabalhista (que diziam temer possíveis atos de violência). Compareceram 2500 camisas negras fascistas e, contra eles, uma multidão estimada entre 70 mil e 150 mil pessoas. Eram comunistas, anarquistas, socialistas, veteranas sufragettes, sindicalistas, judeus, imigrantes, trabalhadores em geral. Os fascistas tiveram que se retirar, protegidos pela polícia, humilhados, mas, ao que consta, sem ferimentos. Eis o testemunho de Ubby Cowan

transcrito no livro *Physical Resistance: A Hundred Years of Anti-Fascism*, de Dave Hann:
"Milhares de nós caminhamos de Stepney Green para o Hyde Park, para nos opor a Mosley. Era uma caminhada de doze milhas e fazia um calor de rachar, então estávamos todos bem cansados quando chegamos ao centro de Londres. Por causa do tamanho da passeata, a polícia a interrompia a cada esquina, para permitir a passagem dos carros. Estávamos absolutamente extenuados quando chegamos, mas ali, no portão do Hyde Park, estava o Príncipe Monululu, famoso das corridas de cavalo. Onde tinha corrida de cavalo, a imprensa perguntava a opinião dele. Diziam que era da Etiópia, mas ninguém realmente sabia sua origem. Enfim, o Príncipe Monululu estava lá na entrada do Hyde Park, com aquela sua bata colorida, com as penas de avestruz no chapéu, dando boas-vindas a nós em iídiche: 'entrem, crianças'. Isso realmente levantou o ânimo de todo mundo depois daquela caminhada. Três ou quatro passeatas de várias partes de Londres convergiram para o Hyde Park naquela tarde e, no final, havia mais de 100 mil pessoas. Foi como um carnaval, com discursos, bandas e centenas de faixas. Todo mundo junto para mostrar sua oposição ao fascismo."

15/09 - NUREMBERG - Na Alemanha, os nazistas proclamam a primeira das Leis de Nuremberg, legislação antissemita, a "Lei para proteção do sangue alemão e da honra alemã", que proíbe casamentos ou relações sexuais entre "arianos" e judeus.

18/09 - GENEBRA - Admissão da URSS na Liga das Nações.

29/09 - SÃO PAULO - *A Plebe*: "Protegidos pelas balas da polícia e à sombra do bafejo oficial do Governo, manejando os recursos da burguesia, da qual são lacaios, os integralistas prometem fazer, no dia 7, nas ruas da capital, mais uma demonstração de servilismo à tirania capitalista, exibindo suas camisas, símbolo de estupidez e mistificação. Até quando o proletariado permitirá essa afronta? É necessária uma atitude decisiva contra esses incubadores da reação, da guerra e da tirania, que pretendem afogar a liberdade em sangue."

Página 187: Jornal do Povo, dirigido pelo Barão de Itararé, analisa a aerodinâmica integralista.

JORNAL DO POVO

ANNO I · Rio, quarta-feira 10 de Outubro de 1934 · NUMERO 3

Um integralista não corre: vôa...

(Photo enviada pelo nosso correspondente em S. Paulo)—A debandada integralista, como se vê, foi na mais perfeita desordem. Vê-se á esquerda um gallinha-verde escondido atraz do poste, e no centro da praça varios acocorados.

A retirada dos 10.000... Salve-se quem puder! E os integralistas, que gostam das phrases sonoras bem soantes, repetiam nesta hora, acompanhados pela castanhola dos dentes: "morra meu pai que é mais velho!"

O Sr. Gustavo Barroso declarou: "OS INTEGRALISTAS CONTINUARAM FIRMES ONDE ESTAVAM"..

O Sr. Gustavo disse mais que "é homem para dez". Gosto se discute. Mas o Sr. Gustavo é homem para dez". Gallinhas verdes.

Assassinados em Marselha o rei Alexandre I e o ministro Louis Barthou

O soberano da Yugo-Slava foi abatido por 6 tiros -- A policia carrega sobre a multidão

Alexandre, rei da Yugo-Slavia, que acaba de ser assassinado, por um desconhecido, em Marselha, era uma das expressões mais nitidas do despotismo que submette milhões e milhões de creaturas aos caprichos criminosos de uma irrisoria minoria.

O seu governo se destacou, sempre, por uma serie de actos crueis contra os adversarios, mesmo contra aquelles que não tinham contra o Throno sinão attitudes de restricções minimas.

Alexandre dominou, as opposições utilizando em larga escala os recursos classicos da reacção: cadeia, exilio e assassinato.

Todas as vozes que se levantaram contra a sua tyrania foram sepultadas nas masmorras do paiz, ou tangidas para longe, ou emmudecidas na morte.

A impunidade de tantas miserias levou Alexandre ao acto mais audacioso da sua vida: mandou abater, em pleno parlamento, um deputado dissidente.

Essa é que é, sem as lamentações hypocritas que são a praxe na imprensa burgueza, a verdade sobre o rei que tombou hoje em Marselha.

Quanto a Barthou, politico de longa carreira, ministro do Gabinete pre-facista da França, nada ha mais a dizer, além de um silencio sobre as suas ultimas actividades como diplomata itinerante, desenvolvendo por toda a Europa a trama diabolica da preparação guerreira.

Encerrou-se, com a morte de Barthou, uma das grandes carreiras de politico burguez.

Ha todavia mais alguma cousa que, neste episodio, interessa profundamente aos trabalhadores: o caracter indisfarçavel de provocação que elle assume.

As agencias capitalistas já vehicularam sob a fórma do infallivel e covardissimo "suppõe-se" que o autor do attentado seja um communista".

Teem, assim, os agentes da guerra integralista, que as potencias preparam, contra a Patria dos trabalhadores, uma excellente opportunidade, que elles acreditam possivelmente util á fome presente e futura dos seus bolsos.

Lançam com a calumnia mais

O REI ALEXANDRE, cuja morte faz parte do vasto plano de provocações que visa desencadear a nova guerra imperialista e anti-sovietica

uma acha na fogueira ainda occulta da reacção, na fogueira que, pensam, os magnatas — lhes dará os lucros dos fornecimentos immediatos e a contribuição da bôa vida de regabofe á custa dos que soffrem amassando o ouro maldito do capital.

AS PRIMEIRAS INFORMAÇÕES SOBRE O ATTENTADO

Marselha, 9 (UP) — Seis tiros foram disparados hoje, ás 4 horas da tarde, contra o rei Alexandre, da Yugo-Slavia, quando sua magestade desembarcava de bordo de um cruzador yugoslaviano que o trouxe a este porto.

A rainha não estava em companhia do monarcha.

O REI ALEXANDRE E O SR. BARTHOU GRAVEMENTE FERIDOS

Marselha, 9 (UP) — O rei Alexandre, da Yugo-Slava, e o primeiro ministro dos estrangeiros da França, Sr. Louis Barthou, ficaram gravemente feridos em consequencia do attentado desta tarde.

POLICIA CARREGA CONTRA A MASSA POPULAR

Marselha, 9 (UP) — Attingido na cabeça e no peito, o rei Alexandre cahiu no interior do automovel a esvair-se em sangue.

A policia immediatamente carregou contra a multidão, ferindo diversas pessoas.

O tiroteio irrompeu immediatamente após a execução do hymno nacional.

A cavallaria, desembainhando suas espadas, investiu com energia contra a massa de que se ficou ferida uma senhora, sendo o seu estado considerado grave.

O attentado occorreu na rua de nome Canebrière.

A MORTE DO REI DA YUGO-SLAVIA

Marselha, 9 (UP) — O Rei Alexandre da Yukgo-Slavia. Falleceu ás quatro e quinze minutos da tarde.

O ESTADO DO MINISTRO BARTHOU

Paris, 9 (UP) — O ministro do interior annunciou que uma bala fracturou o braço do ministro dos estrangeiros, Sr. Louis Barthou.

Os medicos assistentes do ministro annunciaram que o estado do referido titular não é critico, e hora se revista de certa gravidade.

AS VICTIMAS DA REPRESSÃO POLICIAL

Marselha, 9 (UP) — Ao ouvir os primeiros tiros, que eram disparados

LOUIS BARTHOU, é o que apparece ao centro deste grupo

pos na direcção do automovel, que o rei Alexandre e o Sr. Barthou cahiu no interior do automovel, a policia immediatamente arremetteu contra a multidão, com tal furor que vinte pessoas. Entre os feridos tão o general George, membro comitiva do rei Alexandre.

PRISÃO DO CRIMINOSO

Marselha, 9 (UP) — A policia

(Continúa na pagina seguinte)

Hoje, ás 19 e 1|2, na rua dos Arcos 26, a assembléa de frente unica syndic...

OUTUBRO

03/10 - Bauru (SP) - Tiroteio entre os integralistas e membros do Sindicato dos Empregados da Estrada de Ferro Noroeste do Brasil. Nicola Rosica, servente da Noroeste, é morto com um tiro. Os integralistas acusam os sindicalistas pela morte e transformam Rosica no primeiro mártir dos integralistas na luta contra o comunismo.

07/10 - São Paulo - A Batalha da Praça da Sé, entre integralistas e antifascistas.

10/10 - Rio de Janeiro - *O Jornal do Povo*, dirigido pelo Barão de Itararé, principal divulgador do termo "galinha verde" para descrever os integralistas, dá a manchete: "Um integralista não corre, voa". Abaixo da foto da Praça da Sé, vem o texto: "A debandada integralista, como se vê, foi na mais perfeita desordem. Vê-se à esquerda um galinha verde escondido atrás do poste, e no centro vários outros acocorados. A retirada dos 10 mil... Salve-se quem puder! E os integralistas, que gostam das frases sonoras bem sonantes, repetiam nessa hora, acompanhados pela castanhola dos dentes: 'morra meu pai que é mais velho!'"

14/10 - São Paulo - Eleições para a Assembleia Constituinte Estadual Paulista. A Coligação Proletária elege Romeu de Carlos Vergal.

14/10 - Moscou - Congresso Latino-Americano de PCs, que delibera adotar a política de frente popular.

16/10 - Início da "Grande Marcha" na China.

19/10 - Rio de Janeiro - O Barão da Itararé, diretor do *Jornal do Povo*, é sequestrado por um grupo de oficiais da Marinha (onde abundam os integralistas) e espancado. Os militares rapam sua cabeça e o deixam nu em Jacarepaguá. É por isso que depois o Barão toma a providência de colocar um aviso na porta da redação: "Entre sem bater".

20/10 - Cruzeiro (SP) - Mais um comício de Plínio Salgado é dispersado pela multidão de antifascistas, desta vez no interior de São Paulo. *A Plebe* diz que os integralistas tiveram que se refugiar em um hotel, sob proteção da polícia.

França - Trotsky publica "Para onde vai a França?", no qual defende a formação de milícias armadas operárias e camponesas:

"O fascismo encontra auxiliares inconscientes em todos aqueles que dizem que a 'luta física' é inadmissível e sem esperanças [...] Nada é tão perigoso para o proletariado, especialmente nas condições atuais, que o veneno açucarado das falsas esperanças. Nada aumenta tanto a insolência dos fascistas quanto o brando 'pacifismo' das organizações operárias. "[...] Sem o apoio das massas, a milícia não é nada. Mas, sem destacamentos de combate organizados, as massas mais heroicas serão esmagadas, em debandada, pelos grupos fascistas."

NOVEMBRO
17/11 - São Paulo - Acontece o Festival da Solidariedade, pela libertação dos anarquistas detidos na prisão da Rua dos Gusmões. O evento é promovido pelo Comitê Pró-Presos Sociais.

DEZEMBRO
01/12 - São Petersburgo - Assassinato do bolchevique Sergei Kirov. O mandante mais provável é Stalin, que, no entanto, usa o fato para atacar seus próprios inimigos. É o início do Grande Expurgo, com o qual Stalin liquidou qualquer traço de oposição no Partido Comunista. Dos 139 membros da direção do partido, 98 foram executados. Dos quinze generais do Exército Vermelho (criado por Trotsky), treze foram executados, assim como dezenas de milhares de oficiais. A repressão também atingiu de maneira brutal artistas, escritores, cientistas, professores e tantos outros. Ao todo, teriam sido mortas entre 950 mil e 1,2 milhão de pessoas. Ao final, daqueles bolcheviques que estavam no Politburo no momento da Revolução de 1917, sobraram apenas Stalin e, no exílio, Trotsky (que acabou sendo assassinado no México, a mando de Stalin, em 21 de agosto de 1940).
16/12 - Rússia - Prisão de Zinoviev e Kamenev.

1935

JANEIRO
01/01 - Rio de Janeiro - Lançamento da revista integralista Anauê.
15/01 a 18/01 - Rússia - Julgamento de Zinoviev, Kamenev e outros velhos bolcheviques.

FEVEREIRO
24/02 - São Sebastião de Caí (RS) - Tumulto durante um desfile da Ação Integralista. José Luis Schröeder é morto e se torna mais um "mártir da luta contra o comunismo".

MARÇO
07/03 - Petrópolis - Realizado o II Congresso da Ação Integralista Brasileira.
09/03 - Cuba - Greve geral contra a ditadura de Batista, liderada pela Federación Obrera de Havana, dirigida por trotskistas.
28/03 – Alemanha – Estreia o filme *Triunfo da Vontade*, encomendado pelo governo nazista à cineasta Leni Riefenstahl.
30/03 - Rio de Janeiro - Lançamento da Aliança Nacional Libertadora, uma frente popular antifascista que reúne tanto representantes da esquerda operária como da oposição burguesa e tenentistas. Luís Carlos Prestes é aclamado seu presidente de honra.

ABRIL
Florianópolis - Luís Carlos Prestes chega clandestinamente ao Brasil.
09/04 - Moscou - Acordo comercial germano-soviético.

MAIO
02/05 - Moscou - Assinatura do pacto de assistência mútua franco-soviético.
12/05 - Varsóvia - Morte do ditador polonês Józef Piłsudski.

JUNHO
09/06 - Petrópolis - Luta entre membros da ANL e os integralistas. Um operário é morto.

12/06 - Fim da Guerra do Chaco.
FRANÇA - Redação da "Carta Aberta pela IV Internacional", por Leon Trotsky.

JULHO
05/07 - RIO DE JANEIRO - Durante uma manifestação da Aliança Nacional Libertadora, é lida, contra a vontade de outros dirigentes, um manifesto de Prestes em que ele pede a derrubada do governo Vargas.
12/07 - RIO DE JANEIRO - O governo aplica a recém-aprovada Lei de Segurança Nacional e extingue a Aliança Nacional Libertadora.
25/07 - MOSCOU - É realizado o 7º Congresso da Internacional Comunista, que se encerra em 20 de agosto.

AGOSTO
09/08 - ILHÉUS (BA) - Uma bomba explode na sede local da Ação Integralista Brasileira.

OUTUBRO
02/10 - ROMA - Declaração de guerra da Itália à Etiópia.
07/10 - BLUMENAU - Congresso Integralista de Santa Catarina.
19/10 - Congresso Integralista no Rio Grande do Sul, com participação de Gustavo Barroso.

NOVEMBRO
08/11 - SALVADOR - Congresso Integralista da Bahia.
22/11 - SÃO PAULO - A Frente Popular pela Liberdade lança um manifesto contra o integralismo e o imperialismo.
23/11 - Início da desastrosa Intentona Comunista promovida pelo PCB a partir das orientações do Comintern. Natal (23), Recife (24) e Rio de Janeiro (27) são sacudidas por insurreições prontamente reprimidas. Era o pretexto que Vargas esperava para baixar uma feroz repressão contra os opositores de seu regime, mesmo aqueles, como os socialistas, trotskistas e anarquistas, que não tinham qualquer envolvimento na insurreição. O movimento operário é cruelmente reprimido e sua imprensa, proibida. Fúlvio Abramo é um dos presos, e mais tarde seria obrigado a se exilar na Bolívia.

BIBLIOGRAFIA DA CRONOLOGIA

"O antifascismo no Brasil: a atuação do Partido Comunista Brasileiro e da Liga Comunista Internacionalista e suas divergências internacionais (1930-1935)" - Marina de Godoy - monografia (Universidade Federal do Paraná), 2006.

"Antônio Martinez, um anarquista" - José Carlos Morel - Revista Verve º 2 (Nu-Sol), 2002.

Las Derechas: The Extreme Right in Argentina, Brazil and Chile, 1890-1939 - Sandra McGee Deutsch - Stanford University Press, 1999.

Dicionário das Batalhas Brasileiras - Hernâni Donato - IBRASA, 2ª edição, 1996, São Paulo.

Do outro lado do Atlântico: um século de imigração italiana no Brasil - Angelo Trento - Editora Nobel, São Paulo, 1989.

"Emigrazione e politica estera: la 'diplomazia sovversiva' dei Mussolini e la questione degli italiani all'estero, 1922-1945" - João Fábio Bertonha, Altreitalie 23, luglio-dicembre 2001.

The Encyclopedia of Political Revolutions - Jack A. Goldstone (editor) - Congressional Quarterly, Washington, 1998.

The Encyclopedia of Revolutions and Revolutionaries - Martin van Creveld - Facts On File, New York, 1996.

O Espírito da Revolta - A greve geral anarquista de 1917 - Christina Roquette Lopreato - Annablume, São Paulo, 2000.

Estratégias da Ilusão: A Revolução Mundial e o Brasil 1922-1935 - Paulo Sérgio Pinheiro - Companhia das Letras, 2ª edição, São Paulo, 1992.

"A Federação Operária de São Paulo: Anarquistas e sindicalistas nos anos 1930" – Rodrigo Rosa da Silva – Anais do XXVI Simpósio Nacional de História, ANPUH, São Paulo, julho 2011.

O fascismo e os imigrantes italianos no Brasil – João Fábio Bertonha – EDIPUCRS, Porto Alegre, 2001.

Frente Única Antifascista 1934-1984 – Fúlvio Abramo – Cadernos Cemap, Ano 1, nº 1, São Paulo, 1984.

"Gustavo Barroso e o esquecimento: integralismo, antissemitismo e escrita de si" – Odilon Caldeira Neto – Grupo de Estudos do Tempo Presente, São Cristóvão (SE), 2012.

História das Revoluções Brasileiras – Glauco Carneiro – Record, Rio de Janeiro, 1989.

História do Século 20 Volume 3 – Abril Cultural, 1974.

História Militar do Brasil – Nelson Werneck Sodré – Editora Civilização Brasileira, Rio de Janeiro, 1965.

How Fascism Rule Women: Italy, 1922-1945 – Victoria De Grazia – University of California Press, Berkeley e Los Angeles, 1992.

A Industrialização de São Paulo – Warren Dean – Difusão Europeia do Livro, Porto Alegre.

Integralismo (O Fascismo brasileiro na década de 30) – Hélgio Trindade – Difusão Europeia do Livro, Porto Alegre, 1974.

"O integralismo lusitano nas origens do salazarismo" – Manuel Braga da Cruz – Análise Social, vol. XVIII, Lisboa, 1982.

Itinerário de uma falsa vanguarda – Os dissidentes, a Semana de 22 e o Integralismo – Antonio Arnoni Prado – Editora 34, São Paulo, 2010.

Japan: An Illustrated Encyclopedia - Kodansha, Tóquio, 1993.

Mussolini e il diplomático: la vita e i diari di Serafino Mazzolini, un monarchico a Salò - Gianni Scipione Rossi - Rubbettino Editore, Soveria Mannelli, 2005.

Nem Pátria Nem Patrão - Francisco Foot Hardman - Brasiliense, São Paulo, 1983.

"Observando o littorio do outro lado do Atlântico: a opinião pública brasileira e o fascismo italiano, 1922-1943" - João Fábio Bertonha - Revista Tempo n° 9 (Universidade Federal Fluminense), julho de 2000.

"Operários Alemães no Rio Grande do Sul (1920-1937) ou Friedrich Kniestedt também foi um imigrante alemão" - René E. Gertz - Revista Brasileira de História, v. 6, n° 11, São Paulo, 1986.

Physical Resistance: A Hundred Years of Anti-Fascism - Dave Hann - Zero Books, 2013.

The Radicalism Handbook - John Button - Cassell, London, 1995.

Os Seguidores do Duce: Os italianos fascistas no Estado de São Paulo - Viviane Teresinha dos Santos - Arquivo do Estado/ Imprensa Oficial, São Paulo, 2001.

Le siècle rebelle - Emannuel de Waresquiel (direção) - Larousse, 1999.

Fúlvio e sua irmã, Lélia Abramo